図解入門
How-nual
Visual Guide Book

塗装の現場で役に立つ

住宅外装メンテナンスの基礎知識

外装劣化診断士試験標準テキスト

一般財団法人 塗装品質機構 著

秀和システム

はじめに

　国内の住宅市場は成熟化が進み、新築から既存住宅の活用、リフォームの拡大へと市場が大きく変化しています。住宅のリフォームには、増改築や設備の交換もありますが、圧倒的に多いのが外壁や屋根の塗り替え工事です。外壁や屋根の劣化は、見栄えだけでなく建物自体の劣化にもつながるためです。

　しかし、外壁や屋根などの塗り替え工事は簡単なように見えて実は奥が深いものです。外壁にも屋根にも様々な素材があり、建物によって劣化の状態も異なります。塗り替えは、使われている素材や構造、そして劣化の状態に合わせなくてはなりません。数十年前に建てられた建物は、現在とは材料も構造も異なることがあり、外観だけでは使用されている素材の見極めが難しい場合もあります。塗装工事を行うには、塗料や塗装だけでなく、建物の構造や建材の知識も必要です。

　そこで本書では、外壁や屋根などの外装のメンテナンスに必要な知識全般を解説しました。使用されている素材の見極め方法から、劣化状態の診断方法、メンテナンス方法まで解説しています。ひび割れや劣化に対して適切な処置を行うには、建物の基本的な知識が必要ですし、外壁や屋根などの裏側など、外からは見えない構造の理解も必要です。外壁や屋根の材料は様々であり、それらの種類や特徴、劣化の状況に合った適切な処置方法を知る必要もあります。建物の所有者に診断報告書を提出して説明することも大切です。

　本書は塗装工事の工事仕様を決定する人、塗装工事などの建物の外装工事の管理を行う人を主な対象としていますが、住宅所有者の方がリフォームや外装メンテナンスを検討する際にも参考になる内容としています。また、本書は当財団が行う外装劣化診断士試験の標準テキストにもなっています。

　本書が、日本の住宅資産の価値向上に少しでもお役に立てば、それに勝る喜びはありません。

2023年4月
一般財団法人塗装品質機構 代表理事　吉田 憲司

塗装の現場で役に立つ
住宅外装メンテナンスの基礎知識

外装劣化診断士試験標準テキスト

CONTENTS

はじめに ……………………………………………………………… 3

第1章 住宅の維持管理の重要性

1-1　住宅の維持管理の重要性と課題………………………… 8
コラム　住宅の寿命 …………………………………………… 8
コラム　発注者と消費者、受注者と業者……………………12

第2章 外装の材料とメンテナンス方法

2-1　外装メンテナンスの必要性 ………………………………14
コラム　抄造法…………………………………………………17
2-2　外壁材 ……………………………………………………18
コラム　ALC……………………………………………………34
2-3　屋根材 ……………………………………………………40
2-4　防水材 ……………………………………………………54
2-5　その他の部位 ……………………………………………65
コラム　軒裏と有孔板 ………………………………………66
コラム　水切り…………………………………………………71

第3章 住宅工法の種類と特徴

3-1　住宅の構造の種類 ……………………………………… 74

3-2 木造軸組工法（在来工法）‥‥‥‥‥‥‥‥‥‥ 76
3-3 木造軸組工法の構造 ‥‥‥‥‥‥‥‥‥‥‥‥ 79
コラム 面材耐力壁の施工‥‥‥‥‥‥‥‥‥‥‥‥ 83
3-4 木造枠組壁工法（2×4工法）‥‥‥‥‥‥‥‥ 88

第4章 外装にかかわる建物の主要構造

4-1 基礎の種類と構造 ‥‥‥‥‥‥‥‥‥‥‥‥‥ 92
コラム 不同沈下の影響‥‥‥‥‥‥‥‥‥‥‥‥‥ 97
4-2 外壁の構造‥‥‥‥‥‥‥‥‥‥‥‥‥‥‥‥ 98
コラム 直張り工法‥‥‥‥‥‥‥‥‥‥‥‥‥‥ 98
コラム 窓の取り付け方法‥‥‥‥‥‥‥‥‥‥‥ 105
コラム 桁行方向、梁間方向‥‥‥‥‥‥‥‥‥‥ 106
4-3 屋根の構造‥‥‥‥‥‥‥‥‥‥‥‥‥‥‥ 109
コラム 屋根の勾配‥‥‥‥‥‥‥‥‥‥‥‥‥‥ 113
4-4 構造の材料‥‥‥‥‥‥‥‥‥‥‥‥‥‥‥ 114
4-5 バルコニーの構造 ‥‥‥‥‥‥‥‥‥‥‥‥ 120

第5章 外装の塗装方法

5-1 塗料と塗装‥‥‥‥‥‥‥‥‥‥‥‥‥‥‥ 122
コラム 上塗りと仕上げ塗り ‥‥‥‥‥‥‥‥‥ 126
5-2 塗装工事の品質管理 ‥‥‥‥‥‥‥‥‥‥‥ 133
5-3 PQA塗装工事基準‥‥‥‥‥‥‥‥‥‥‥‥ 135
5-4 部位建材別の塗装工事基準‥‥‥‥‥‥‥‥ 140

第6章 外装の劣化診断

6-1 診断の対象と準備 ‥‥‥‥‥‥‥‥‥‥‥‥ 152
コラム ハーネス（フルハーネス型安全帯）‥‥‥ 154
6-2 建築図面‥‥‥‥‥‥‥‥‥‥‥‥‥‥‥‥ 155
コラム 北側斜線‥‥‥‥‥‥‥‥‥‥‥‥‥‥‥ 158

コラム　道路斜線 ································· 160

コラム　高度地区 ································· 160

6-3　建物診断の方法 ···························· 165

コラム　既存住宅売買瑕疵保険　検査基準の解説 ········· 169

6-4　メンテナンス工事の事前調査 ················· 193

第7章　外装の劣化診断を行う資格

7-1　外装劣化診断士 ···························· 196

　　　【外装劣化診断士試験問題例】 ················ 198

コラム　インスペクション ······················ 205

7-2　既存住宅状況調査技術者 ····················· 206

第8章　業者の選び方

8-1　業者の選び方 ······························ 208

第9章　関連法規

9-1　住生活基本法 ······························ 212

9-2　建築基準法 ································· 215

コラム　建物の診断 ····························· 217

9-3　住宅瑕疵担保履行法 ·························· 218

9-4　その他の関連法規 ··························· 220

コラム　100万円以上の改修工事 ·················· 225

コラム　既存不適格建築物 ······················· 228

コラム　クーリング・オフの期間 ················· 230

索引 ··· 233

参考文献 ······································ 240

第 **1** 章

住宅の維持管理の
重要性

「長期優良住宅の普及の促進に関する法律」が2009年に
施行され、日本の住宅事情は、これまでの「建物を建て替え
る」から「建物を長持ちさせる」という考え方に大きく変わっ
てきました。住宅の定期点検や診断の社会的ニーズが高まっ
ています。

1-1

住宅の維持管理の重要性と課題

　　近年に建てられた住宅は、維持管理を適切に行うことによって、50年でも100年でも、快適に安心して住むことができます。また、住宅の資産価値を保つためにも、適切な時期にメンテナンスを行うことが大切です。しかし、リフォーム市場の拡大に伴って、トラブルも増えています。

▶▶ 住宅を取り巻く市場の変化

　　戦後、日本では住宅の質より量（戸数）を求められた時期が長く続きました。そのため、住宅の寿命も短く、世代ごとに建てるのが当たり前で、メンテナンスして長く使っていくという考え方は根付いていませんでした。

　　しかし近年は住宅の質も向上し、「メンテナンスして長く利用し、世代を超えて継承していくもの」だという考え方に変わってきました。子どもに相続する場合だけでなく、売買によって若い世代に引き継がれることも増えています。このようなことから中古住宅市場が拡大しています。

　　また、環境負荷の低減、持続可能性という視点からも、建物を適切にメンテナンスし、長期にわたって維持管理していくことが求められています。

▶▶ 外装メンテナンス市場の拡大

　　リフォーム市場の拡大を期待して、家電量販店やホームセンターもリフォーム市場に参入しています。リフォームに関する広告を目にする機会が増えてきました。

COLUMN　住宅の寿命

　　かつての日本の**住宅寿命**は26年といわれていました。近年解体された住宅の平均築年数は38年と延びています。国土交通省では、2018年に建築された戸建住宅の平均寿命はさらに延びて54年になると推定しています。

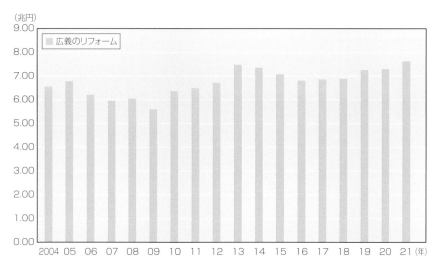

リフォーム市場の規模

出典：国土交通省：令和4年度 住宅経済関連データから作成

　外装の塗装に使用される**水系エマルション塗料*** の販売量が、2010年から2019年までの9年間で1.6倍と大きく拡大しています。住宅寿命の長期化に伴い、リフォーム市場における外装メンテナンス需要が拡大していることがわかります。

　2020年はコロナ禍の影響で減少しているものの、外装メンテナンス需要の拡大傾向は今後も続くと考えられます。

***エマルション塗料**　エマルションとは乳化のことで、油性の成分と水性の成分が混ざり合った状態を指します。エマルション塗料とは、粒子状の樹脂が溶媒に均一に分散している塗料のことです。水性のものと溶剤系のものがあります。

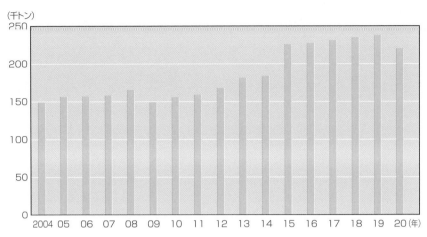

水系エマルション塗料の販売量

出典：（一社）日本塗料工業会の統計資料から作成

▶▶ リフォーム工事トラブルの増加

　リフォーム市場の拡大に伴って、トラブルも増加しています。（公財）住宅リフォーム・紛争処理支援センターに寄せられる住宅リフォームトラブルの相談件数は増加傾向にあります。

　戸建住宅リフォームの相談件数を部位別に見ると、外壁や屋根など住宅の外装に関連する件数が特に多いことがわかります。
　また不具合別では、雨漏り、剝がれ、ひび割れなど、こちらも外壁や屋根などの外装でよく見られるトラブルが上位を占めています。
　住宅の外装メンテナンスの需要が拡大するとともに、トラブルも増加していることがわかります。外装メンテナンスの課題を正しく認識し、解決していくことが求められています。

リフォームトラブルの相談件数

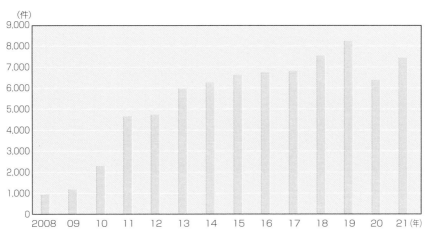

出典：（公財）住宅リフォーム・紛争処理支援センター「住宅相談統計年報2022資料編」から作成

戸建住宅リフォームの部位別相談件数（2021年度）

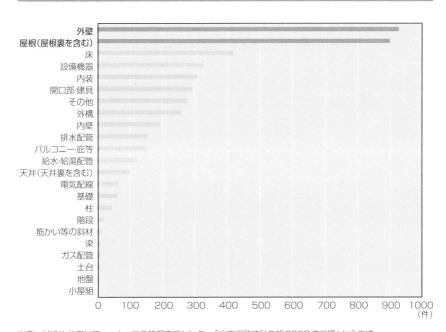

出典：（公財）住宅リフォーム・紛争処理支援センター「住宅相談統計年報2022資料編」から作成

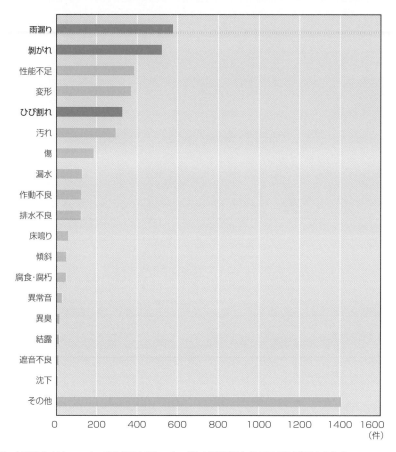

戸建住宅リフォームの不具合別相談件数（2021年度）

出典：（公財）住宅リフォーム・紛争処理支援センター「住宅相談統計年報2022資料編」から作成

COLUMN

発注者と消費者、受注者と業者

　住宅外装のメンテナンス工事を行う場合、**発注者**は消費者であることがほとんどで、**受注者**はリフォーム会社や塗装会社などの業者であることがほとんどです。本書では、特に必要のない限り、発注者と受注者という表現で統一しています。

第**2**章

外装の材料と
メンテナンス方法

外装は、外壁、屋根、その他の付属部材から構成されます。
本章では、各部位に用いられる材料とその特徴、劣化状況と
メンテナンス方法について解説します。

2-1

外装メンテナンスの必要性

外装は住宅の"服"のような役割を持っています。見栄えをよくするだけでなく、建物を外部の環境から守っています。新築のときはきれいですが経年で劣化します。そうなると建物自体の劣化につながり、耐久性が低下します。適切なメンテナンスを行って外装の機能を維持し続けることが大切です。

▶▶ 外装の劣化要因

建物は年数の経過に伴って劣化していきますが、その大きな要因は外的な環境だといえます。具体的には紫外線や風雨、そして気温・湿度の変化などです。日当たりが悪い北側は湿気が発生しやすいため、結露やカビ、シロアリにも注意が必要です。交通量の多い場所や道路に面している場所では、排気ガスやほこりで外装が汚れやすくなります。

このように、外装の劣化には多くの要因があります。

①太陽光

紫外線だけでなく、温度上昇の影響も受けます。

②雨・水分

外装にかかる雨水だけでなく、雨水の吹込みや建物内部での結露水の影響を受けます。

③風・大気

砂ぼこり、排気ガスによる汚れ、二酸化炭素によるコンクリートの劣化などです。

④生物

カビ、藻が発生することもあります。シロアリや腐朽菌は、外装材に直接的な影響を及ぼすことは多くないものの、下地の木材を劣化させます。

特に太陽光による影響は大きく、建物の南面・西面で外装の劣化が激しくなる傾向があります。

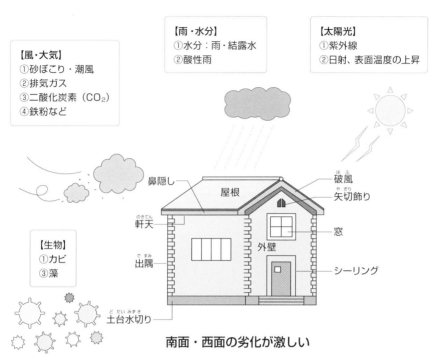

外装の部位と劣化の要因

【風・大気】
①砂ぼこり・潮風
②排気ガス
③二酸化炭素（CO$_2$）
④鉄粉など

【雨・水分】
①水分：雨・結露水
②酸性雨

【太陽光】
①紫外線
②日射、表面温度の上昇

鼻隠し
屋根
破風
矢切飾り
軒天
窓
外壁

【生物】
①カビ
③藻

出隅
シーリング

土台水切り

南面・西面の劣化が激しい

出典：（一社）木造住宅塗装リフォーム協会、古畑秀幸作成

第2章 外装の材料とメンテナンス方法

▶▶ 外装メンテナンスの注意

　外装のメンテナンスをするためには、まず、どのような材料が用いられているかを確認することが必要です。外装材の種類によって、メンテナンスのサイクルや適切な塗料が異なるなど、各材料に適したメンテナンス方法があるためです。

　建築時の図面や使用した外装材の資料が残っていれば、材料を特定するのは簡単です。一方、資料がない場合、外観だけから判断するのは難しくなります。

　さらに、劣化状態の確認も大切です。外装のメンテナンスでは、一般的に再塗装が行われます。しかし、劣化状態を確認せずに再塗装を行うと、問題が発生することがあります。

　例えば、代表的な外壁材である**窯業サイディング**の場合、湿気を含んだ状態のままで再塗装を行うと、再塗装の塗膜に膨れや剥離が発生することがあります。そのメカニズムは次の通りです。表面塗装が劣化すると雨天時に基材の含水率が高まります。再塗装前までは日射により表面から水分を放出できていましたが、再塗装により表面からの水分放出ができなくなり、逃げられなくなった水蒸気が塗ったばかりの塗膜を押し上げるのです。また、抄造法で製造された窯業サイディングでは、新しい塗膜によって基材が引っ張られて剥離が生じることもあります。

　こういったトラブルを防ぐため、外装のメンテナンスにおいては、外装材の種類と劣化状態の確認結果をもとに適切なメンテナンスを行うことが大切です。

再塗装時の不具合（1）　塗膜の膨れ

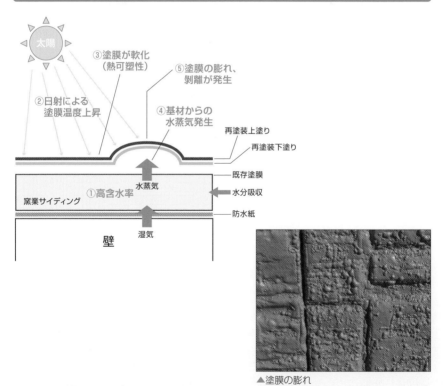

▲塗膜の膨れ

出典：(一社) 木造住宅塗装リフォーム協会、古畑秀幸作成

再塗装時の不具合（2）　基材の剥離

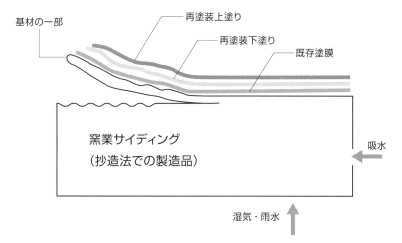

出典：（一社）木造住宅塗装リフォーム協会、古畑秀幸作成

 ## 抄造法

　抄造法の窯業サイディングは、和紙をつくるときの紙すきの製法によって原料を薄い層（1〜2mm）に形成し、その層を多く重ねたあとでプレス成形する、という流れで生産されています。バームクーヘンのようなイメージです。かつては外壁だけでなく屋根にも抄造法でつくられた製品がありました。

2-2

外壁材

　住宅の外壁には、レンガ調やタイルから、石柄、漆喰、木目、モダンなものまで、多くのバリエーションがあります。また、製品として最初から塗装してあるもの、施工後に現場で塗装するものがあるほか、リフォームで塗装したために元の外観と異なっている場合もあります。ここでは、各種の外壁材の特徴からそれらを見分ける方法、それぞれの外壁材に適したメンテナンス方法を解説します。

▶▶ 外壁材の種類と見分け方

●外壁材の種類とシェア

　一般的な戸建住宅の場合、外壁材（外壁の仕上材）のシェアでは窯業サイディングが7割以上を占めています。続いて、金属サイディング（アルミ含む）、モルタル、ALC ＊の順です。そのほかに金属板、コンクリート、漆喰、土壁、木材などもあります。

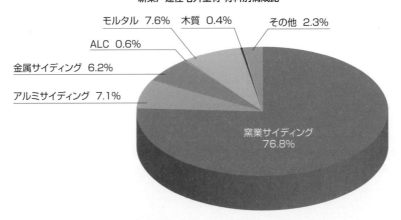

戸建住宅市場における外壁材の素材別シェア

新築戸建住宅外壁材 材料別構成比

モルタル 7.6%　木質 0.4%　その他 2.3%
ALC 0.6%
金属サイディング 6.2%
アルミサイディング 7.1%
窯業サイディング 76.8%

原出典：（一社）日本サッシ協会（2022年発行/2021年調査）
出典　：（一社）日本窯業外装材協会の資料より

＊ALC　Autoclaved Lightweight aerated Concreteの略。p.33で説明。

●外壁材の見分け方

　外壁材を見分ける方法には、建築時期の確認、外観と叩(たた)いた感覚、目地(めじ)の有無と位置などによる方法があります。

外壁材の見分け方

1. 建築時期の確認
2. 外観と叩いた感覚
3. 目地の有無と位置
4. 外壁材の寸法

---

①建築時期の確認

　建築時期により主流となっていた外壁材が異なります。1960年代までの住宅に多いのが**プリント合板**や**ハードボード**の外壁で、1970年代からは**モルタル**が主流となりました。1980年代に入って増えてきたのが**窯業サイディング**です。

②外観と叩いた感覚

　1980年代以降の建物では、まず、外観と叩いた感覚で外壁材を判断します。金属サイディングや金属板は叩いたときに軽い感じがしますし、ALCやコンクリートは重たい感じがします。窯業サイディングも比較的軽い感じです。

　下地に胴縁(どうぶち)があると、叩いてもわかりにくいため、場所をずらして叩いてみます。表面に釘(くぎ)打ちの跡があれば、窯業サイディングの可能性が高くなります。

　モルタル外壁はざらざらした**リシン仕上げ**＊や**スタッコ仕上げ**＊、**吹付タイル**＊が一般的です。金属板やコンクリートはシンプルでモダンなデザインです。金属サイディングはシンプルなデザインの場合もありますし、柄がついている場合もありますが、多くは表面がツルツルしています。最近は凝った塗装が施された外壁も増えています。

＊**リシン仕上げ**　細かく砕いた石や砂に樹脂やセメント、着色剤などを混ぜたものを吹き付ける仕上げ方法。表面がザラザラとした仕上がりになります。

＊**スタッコ仕上げ**　モルタル外壁などの表面に模様をつけるために、セメントや塗料、砂などの骨材を混ぜた塗材で仕上げることです。凹凸感のある模様になります。

＊**吹付タイル**　複層仕上塗材を用いて外壁の表面に模様をつける方法です。リシン仕上げやスタッコ仕上げは骨材（細かい砂や石）を塗料に混ぜ込んでいるためザラザラした質感になりますが、吹付タイルは、タイルのように滑らかな表面の仕上がりになります。下塗り、模様を作り出す主材、色をつける上塗りから構成されます。凹凸模様など立体感のある仕上がりが特徴です。

③目地の有無と位置

　目地の有無と位置から判断する方法です。目地とは外壁材の継ぎ目のことです。目地には、**シーリング材**（p.54参照）や**乾式目地***、**ジョイナー***が施工されています。目地のある外壁材、目地はあるものの目立たない外壁材、目地が全くない外壁材があります。

目地の有無による外壁材の推定	
	可能性の高い外壁材
目地がある	窯業サイディング、金属サイディング、ALC
目地がない（目立たない）	モルタル、コンクリート、金属板
	窯業サイディング無目地仕上げ
	窯業サイディング四辺相じゃくり工法

　窯業サイディングとALCでは、目地にシーリング材が充塡されていることが多いため、板の継ぎ目がわかります。また、建物の出隅部分で出隅部材との接合部に目地があります。このように、目地の位置から判断を行います。

　窯業サイディングを横張りしている場合、上下の板は**相じゃくり**での接合となります。サイディングの幅が455mmなので、そのピッチで溝があります。柄と一体化して目立ちにくくなっているものも多いため注意が必要です。一方、横の接合は縦目地となりシーリング材が充塡されています。窯業サイディングの長さは3030mmなので、最長でもその間隔で目地があります。

　窯業サイディングを縦張りしている場合は、左右の板の接合が相じゃくりとなります。2階との継ぎ目に水切りが入っていたり、目地があります。継ぎ目の上に幕板を取り付けて隠している場合も多くあります。1枚の板の幅が455mmであれば、窯業サイディングと考えてほぼ間違いありません。

***乾式目地**　目地処理方法の1つ。シーリングのような流体状のものではなく、ゴムやパッキンで隙間・接合部を埋める方法です。

***ジョイナー**　目地部分に用いる細い棒状の化粧材のことです。

相じゃくりでの接合

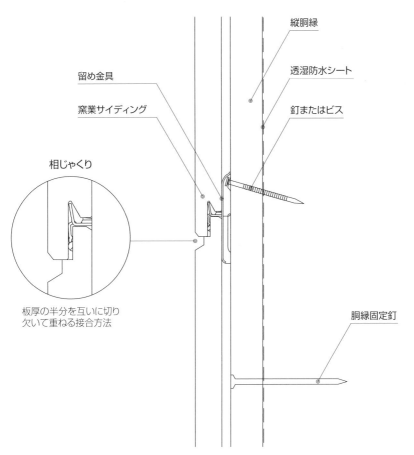

縦胴縁

透湿防水シート

釘またはビス

留め金具

窯業サイディング

相じゃくり

板厚の半分を互いに切り
欠いて重ねる接合方法

胴縁固定釘

出典：ケイミュー（株）の納まり図を参考に作成

窯業サイディングの相じゃくり

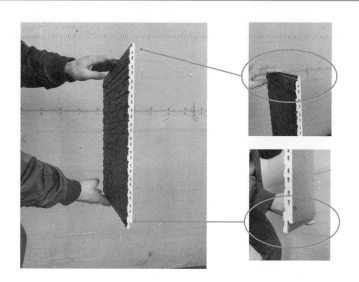

横張りの納まり（1）　一般目地部

窯業サイディング　　　シーリング　　　10　　　ハット型ジョイナー　留め金具

透湿防水シート

縦胴縁90幅

釘またはビス

胴縁固定釘

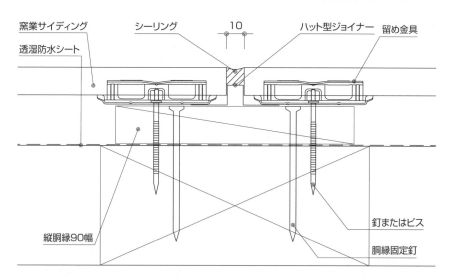

出典：ケイミュー（株）の納まり図を参考に作成

横張りの納まり（2）　出隅部

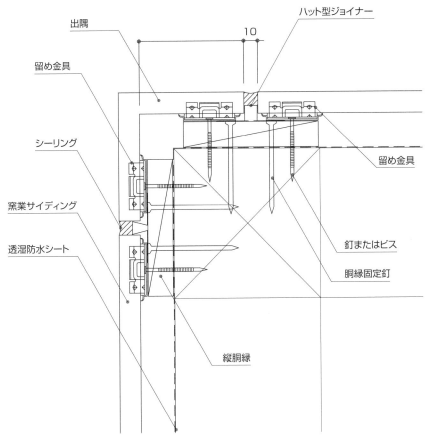

出典：ケイミュー（株）の納まり図を参考に作成

第2章　外装の材料とメンテナンス方法

縦張りの納まり

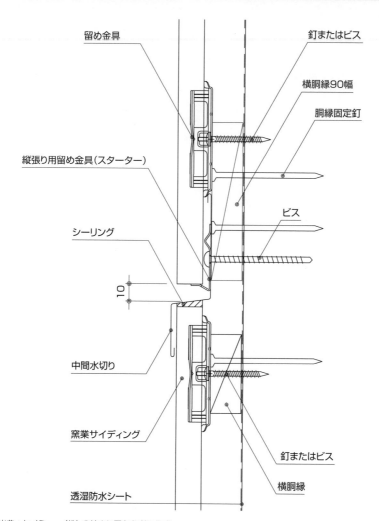

留め金具

釘またはビス

横胴縁90幅

胴縁固定釘

縦張り用留め金具（スターター）

ビス

シーリング

10

中間水切り

窯業サイディング

釘またはビス

横胴縁

透湿防水シート

出典：ケイミュー（株）の納まり図を参考に作成

ALCは製品の長さが1800〜2000mm、幅は600mmのものがほとんどです。したがって、その位置にシーリング目地があればALCだと推定できます。

金属サイディングにも目地はありますが、露出を少なくする工夫がなされています。

目地がない場合やわかりにくい場合は、多くの可能性があります。モルタルの可能性が比較的高いとはいえ、窯業サイディングの**無目地仕上げ**※や**四辺相じゃくり工法**※の場合もあります。

④外壁材の寸法

窯業サイディングの厚みは12〜18mm、住宅用ALCの場合は35mmか37mmです。外壁の下端が見える部分で厚みを測定して判断することができます。バルコニー手すり壁の下端は外部に露出しているため、断面が見えることがあります。

幅と長さの寸法もほぼ決まっているので、それにより判断します。

外壁材の寸法

単位：mm	厚み	幅	長さ
窯業サイディング	12※1、14、16、18	455、1810	3030
金属サイディング※2	12〜18	260〜400	2438〜4000
ALC	35〜75 （100〜200：厚形）	610以下	3000以下

※1：現在は生産されていない　※2：メーカーと製品による

※**無目地仕上げ**　窯業サイディングの継ぎ目をシーリングやパテで埋めて上から塗装を施し、目地をわかりにくくする工法です。

※**四辺相じゃくり工法**　一般的な窯業サイディングでは、上下方向を相じゃくりで接合し、左右方向はシーリングで接合します。これを上下左右の4辺とも相じゃくりにしたものです。シーリングを使わないためシーリングの劣化がなく、目地も目立たなくなります。

▶▶ 窯業サイディング

窯業サイディングは、木造住宅に用いられる代表的な外壁材です。セメント質原料に繊維質原料を混ぜた素材を、型に流し込んだりプレスするなどの方法で板状に成形します。表面の凹凸や色など、多彩なデザインのものがあります。

防火性、断熱性、遮音性にも優れており、**外壁通気構法***で施工することで、壁体内の結露を防止して構造体を湿気から守ります。

取り付け方法や板の厚み、塗装の有無、柄などの組み合わせでいろいろな種類があります。

販売が始まったのは1970年頃。それまで住宅外壁の主体であったモルタルに比べて施工性がよく、工期が短くなるため、急激に置き換わっていきました。そして、1990年頃から大半の住宅に使用されるようになりました。

モルタルは水を使うため**湿式工法**に分類され、窯業サイディング、金属サイディング、ALCなどは**乾式工法**に分類されます。

窯業サイディングの種類	
厚み（mm）	12、14、15、16、18、…
幅（mm）	455、1810
長さ（mm）	3030
取付方法	釘打ち、金具
工法	シーリング、四辺相じゃくり工法
塗装	有、無
柄（意匠）	タイル調、石調、木目、モダン、フラット
塗膜	アクリル樹脂、アクリルウレタン樹脂、アクリルシリコン樹脂、フッ素樹脂、無機（セラミック）、光触媒（防汚）

12mm、14mmは釘留め、15mm以上は金具留め施工です。2008年にJISの規格が改訂され、14mmが最低の厚みとなっています。

***外壁通気構法** p.98で説明。

　サイディングの長辺は相じゃくり加工が施されており、はめ込むように嵌合します。切断面や端部はシーリングで接合します。シーリングを極力使用しないシーリングレス（四辺相じゃくり）工法の商品もあります。シーリングレスの場合は、メンテナンス時のシーリングの打ち替えを省くことができます。窯業サイディングには横張りと縦張りがありますが、横張りが一般的です。

●塗装品と無塗装品

　窯業サイディングの登場当初は**無塗装品**が主流で、施工後に現場で塗装されていましたが、現在は工場塗装品が主流です。無塗装品は、工場で**シーラー塗装**（下塗り）が行われており、現場での取り付け後に中塗り、上塗りの仕上げ塗装を行います。

　塗装品は、塗装と表面の凹凸柄で様々なデザインのものがあります。最近では、インクジェットプリンターで塗装される商品もあり、より自然で深みのある意匠を表現できるようになりました。厚みのあるものは柄の凹凸も深くできるため、高級感も増します。また、塗膜30年保証や防汚機能を持つ商品もあります。これらの商品は15年程度経過しても退色や変色が見られません。大手住宅メーカーの手がける住宅でも、外壁に窯業サイディングを使うことが多くなっています。

無塗装品（現場塗装仕上げ）

窯業サイディングの無塗装品は、現場で仕上げ塗装を行います。

●見分け方

　無塗装品で現場塗装を行った外壁は、シーリングの表面に塗装がついているかどうかで確認します。新築時に現場で塗装をしているため、シーリングの上も塗装されています。

　モルタルとの見分け方ですが、「土台水切りがついているか」、「サッシの外周にシーリングが施工されているか」で確認します。これらが行われていれば、窯業サイディングが使われていると判断します。

●劣化の特徴

　表面の塗装が経年により劣化します。劣化の特徴として、塗膜が退色し、**チョーキング***が発生します。塗膜が劣化すると、雨水がサイディング自体に浸透します。

　目地のシーリングは外壁よりも耐久性が低いので、劣化が見られます。シーリングの切れ、ひび割れ、痩せなどです。

　また10年以上経過すると、基板に反りが発生したり、接合部に隙間があくことがあります。

　そのほかに、釘部周辺にひび割れが発生することもあります。劣化が進行して、p.174（下）の写真のように同質出隅部材の貼り合わせ部で角がひらくことがあります。

●メンテナンス方法

　塗装の耐用年数に合わせて、または塗膜の経年劣化が進行した場合に、再塗装を行います。シーリングの切れ、ひび割れ、痩せなどの劣化が著しい場合は、シーリングを打ち直してから再塗装します。

　多彩模様の商品を再塗装する際は注意が必要です。このような商品は、耐久性を高めるために表面が**クリヤー塗料**で塗装されている場合があります。

　表面にクリヤー塗装がなされているかどうかを調べる方法として、ラッカーシンナーをウエス（布切れ）につけて塗膜表面を軽く拭く方法があります。クリヤー塗装がある場合は着色しませんが、クリヤー塗装がない場合は塗膜が溶けて色がウエスに付着します。

***チョーキング**　雨や紫外線によって塗料の中の合成樹脂が分解され、顔料が粉状になって塗装表面に現れたものです。白亜化現象とも呼ばれ、塗装の表面を指で触ったときに白い粉がつきます。塗装の色によって粉の色が異なることもあります。

　クリヤー塗装に使用されているクリヤー塗料には、アクリルシリコン樹脂系、無機系、フッ素樹脂系、光触媒系などの種類があります。劣化が顕著になる前にクリヤー塗装で再塗装を行うことで、元のデザインを維持することができます。塗り替えでメンテナンスを行う場合は、使用する塗料の選定を誤ると剥離などの不具合を生じることがあるので、塗り替え時には既存塗膜と塗り替え塗料の密着性の確認が必要です。窯業サイディングメーカーのカタログにも塗り替え塗料の指定メーカーが記載されているので、そちらを確認します。

　最近は窯業サイディングの出荷量のうち半分がクリヤー塗装品であり、塗膜保証（10〜30年）の対応となっています。

　クリヤー塗装の下にある多彩模様の塗膜まで劣化したのちに再塗装を行う場合は、注意が必要です。単色の塗料で再塗装を行うと、デザインが全く変わってしまうからです。デザインを維持するためには、クリヤー塗装が劣化した段階でメンテナンスを行うようにします。

　メンテナンス時に窯業サイディング基板に反りが見られる場合は、ビス打ちによる補修を行います。角のひらいた出隅材は、隙間をシーリングやパテなどで補修した上で、再塗装を行います。

　窯業サイディングの無塗装品を無目地仕上げにしている建物もあります。

　3×10板（さんとうばん）と呼ばれる、幅910mm（3尺）、長さ3030mm（10尺）の窯業サイディングを縦張りで用います。目地のシーリングの上にソフトクロスを張り付け、弾性パテで目地を目立たなくして、その上から塗装したものです。

　和風デザイン、洋風デザインのどちらにも幅広く使用されています。

●出隅部分

　外壁の出隅部分は、本体と同じ材料でつくられた出隅**役物**[※]を使うのが一般的ですが、初期の窯業サイディングの建物では、出隅が金属製の場合もあります。金属部分の再塗装は金属板と同様に行います。

※**役物**　役物とは、基本の形でない部材です。建物の出隅や端部などの部位は、基本形の部材では納めることができないため、特殊な形状の部材を用います。窯業サイディングの出隅にはL字型の出隅役物を使用します。

▶▶ 金属サイディング

　金属サイディングとは金属製の外壁パネルです。凍害*が発生しないため、30年ほど前は寒冷地を中心に新築住宅に採用されていました。その後、デザイン性が向上したため、軽量という特徴も生かして、住宅リフォーム時に既存外壁の上に重ねて施工するカバー工法として全国で用いられるようになりました。最近ではデザイン性がさらに高まり、新築での採用も増えています。

●金属サイディングの素材

　素材としてはアルミやステンレスも使われますが、これらは高価なので、近年はガルバリウム鋼板が主流となっています。

　横張り用と縦張り用、縦横兼用のものがあります。

　ガルバリウム鋼板は錆びにくくて耐久性も高く、凹凸仕上げや多色での塗装も可能です。インクジェットプリンターで塗装されるようになり、今日では窯業サイディング並みの高い意匠性のものも多く製造されています。1m^{2}当たり5〜8kgと軽量であり、裏面に断熱材が貼り付けられていて断熱性も高くなっています。

●見分け方

　金属サイディングは、叩くと金属音がします。横張りと縦張りがありますが、横張りの場合の縦目地は金属製のジョイナーでつなぐため、シーリングの目地はありません。サッシまわりもカバーのジョイナーが施工されています。

　ガルバリウム鋼板の金属サイディングには磁石がくっつきます。

●劣化の特徴

　施工から30年くらいはほとんど劣化が見られません。退色、チョーキング、錆などが見られる場合は、再塗装を行います。ケレン（錆落とし）と防錆処理をした上で再塗装します。

　長期間経過すると、裏面の断熱材の剥離や劣化が起こることもありますが、表面からは判断できません。

---

*凍害　寒冷地においてコンクリート中の水分が凍結・融解を繰り返し、素材を劣化させていく現象のことです。水分は凍結すると体積が4%膨張するため、素材を破壊します。窯業サイディングはセメント系の材料であるため、凍害が発生することがあります。

▶▶ モルタル

　モルタルは、砂とセメント、水を重量比6：2：1で混合したもので、ひび割れを抑制する**混和剤***を添加することもあります。従来から外壁材として使用されてきました。

　モルタルは、湿式工法による仕上げで、耐火性・耐久性に優れています。左官によるコテ仕上げなので、表現の自由度があり、柄をつけられるほか、目地のないシームレスな外壁を実現することもできます。モルタル外壁の防水は、防水機能を持つ塗料を塗布することによって行います。通常は表面に塗装や吹付けで仕上げを施します。

　ただしモルタル外壁には、施工後の乾燥や劣化によってひびが発生しやすい、という欠点があります。また、日差しや雨風により塗膜も劣化します。塗膜の劣化が進むと、モルタル外壁表面から水が浸透し、外壁の裏に施工してある防水シートを劣化させます。そうなると、建物の内部に水が浸入する可能性が出てきます。このような欠点があるために乾式工法である窯業サイディングが増えてきた、という経緯もあります。

　一般的な施工方法では、下地板にアスファルトフェルトを張り、ラス網と呼ばれる金網を張ってモルタルを塗り、最後に塗装で表面を仕上げます。モルタルの厚みは20mm以上です。

　従来の下地は**木摺***をある程度の間隔をあけて横張りし、その上に防水紙とラス網を取り付けてモルタルを塗っていましたが、最近ではモルタルを直接塗ることのできる左官下地用の耐力面材が多く使われています。湿式工法なので施工に手間がかかり、施工技術にも熟練を要します。

　モルタル外壁の意匠には、コテ跡を残す左官仕上げ、ザラザラ感を残すリシン仕上げ、**リシン掻き落とし***、ツルツル感のある吹付タイルなどがあります。

---

*混和剤（混和材）　コンクリートの強度、耐久性、水密性などを向上させるために添加する物質です。使用量が比較的多いものが混和材、使用量が少なく薬品的な使い方をするものが混和剤です。

*木摺　幅30～40mm程度の小幅の板です。5～10mmの間隔をあけて柱・間柱に釘で打ち付けます。

*リシン掻き落とし　リシン材をコテでよく塗り付け、硬化した頃合いを見計らって、剣山やワイヤーブラシで掻き落とします。ザラザラ感のある仕上がりです。

●見分け方と劣化の特徴

モルタル外壁は、下端部に土台水切りがついていません。また、サッシまわりまでモルタルが塗り込まれているため、サッシまわりのシーリングがありません。経年によりモルタル外壁のひび割れが生じます。

モルタル外壁では、表面にタイルを張り付けたものもあります。

●メンテナンス方法

表面塗装の劣化が進行すると、メンテナンスとして再塗装を行います。再塗装の際には、ひび割れをシーリング材で補修し、下塗りに**微弾性のフィラー***を使用します。

シーリング材は、ウレタンまたは**ノンブリード***の変成シリコンのものを使用します。

サッシとモルタル壁の間に隙間があいている場合は、サッシまわりに**三角シーリング***を施工して雨水浸入を予防することも必要です。

ひび割れが大きい場合は、**Uカットシーリング充填工法***などでひび割れの補修を行います。

再塗装時に伸び縮みする性質のある弾性塗料を用いると、外壁にひび割れが生じた場合にも、塗料の伸縮性によってひび割れが表面に現れるのを防げます。

その他のメンテナンス方法としては、「モルタル外壁を剥がして防水シートの施工からやり直し、モルタルで復旧する」、「窯業サイディングや金属サイディングで外壁を張り替える」、「これらのサイディングを既存のモルタル外壁の上から施工する」（重ね張り）といった方法もあります。

建物自体の劣化状態、メンテナンス後の期待耐用年数、デザイン、費用などを考慮して検討します。

***微弾性のフィラー** フィラーは、モルタル壁やコンクリートのひび割れを埋めたり、凹凸をなくして平らにしたりする塗料のことです。下地にひびが生じても塗装表面まで伝わりにくい、微弾性フィラーが多く用いられます。
***ノンブリード** ブリードとは、シーリング材に含まれる柔軟成分である可塑剤と塗料が反応して起こる現象です。シーリング材の上に塗った塗装がベタベタして汚れやすくなり、黒っぽく変色してしまいます。ノンブリードシーリング材は、この現象を防ぐシーリング材です。
***三角シーリング** 目地幅の継ぎ目部分をシーリングで埋めることです。目地に充填された通常のシーリングよりも簡易な防水効果となります。
***Uカットシーリング充填工法** コンクリートやモルタルに生じたひび割れを幅10mm、深さ10〜15mmほどU字型に掘削し、シーリングを充填する工法です。0.5〜1mm幅以上のひび割れを補修する際に用いられます。シーリング材と素材の接着面積が広くなるため、ひびにずれが生じても追従することができます。

▶▶ ALC

ALCは、高温高圧蒸気養生により製造された軽量気泡コンクリートパネルです。耐火性・断熱性に優れていて、床材としても使用されます。細かい気泡によって断熱性能を確保しています。

表面が柔らかくて吸水性があるため、外壁に用いるときは防水性の高い吹付タイルなどで仕上げます。

ALCの内部は鉄筋や金網で補強されています。外壁のほか、間仕切り壁、床、屋根にも使用されます。鉄骨造や鉄筋コンクリート造用の厚形パネル、および木造や鉄骨造用の薄形パネルがあります。木造住宅の外壁では、35mmや37mmのものが使用されます。

表面がフラットなもの以外に、表面を加工して柄をつけたものなど、厚さを生かした様々なタイプのものがあります。目地はすべてシーリング処理され、表面の塗装は現場で行います。

●見分け方と劣化の特徴

住宅用として使用されるALCの寸法は幅600mm、長さ1800mmが標準です。

表面はフラットかタイル柄がほとんどです。窯業サイディングのような細かい柄を表現することはできません。材料と成形上の特性のためです。

サイディングは横張りの場合、上下の継ぎ目は相じゃくりで、シーリングをするのは縦目地だけですが、ALCでは四周の継ぎ目をシーリングします。また、板の1枚の大きさもサイディングよりALCのほうが小さいため、同規模の建物でもシーリング目地の長さはサイディングに比べて長くなります。目地が長いほど、そこからの漏水リスクが高まります。

ALC外壁に使用するシーリング材は、ALC自体が引っ張られることのないよう、低モジュラス(柔らかいタイプ)のものを使用します。

第2章 外装の材料とメンテナンス方法

　ALC外壁の劣化は、表面塗膜の退色、チョーキング、シーリング目地上の塗膜のひび割れ、開口部周囲のシーリングの劣化などです。

　ALC目地の劣化は、塗装部分の劣化状態から判断します。シーリングの表面の塗装にひびが見られる場合は、シーリングの劣化の可能性があります。

●メンテナンス方法

　ALC外壁では、塗装メンテナンスと同時にシーリングの補修を行います。シーリングの劣化が生じている場合は、その程度に応じてシーリングの増し打ちまたは打ち替えを行い、その上から塗装します。

　窯業サイディングよりも厚みがあり、シーリング目地を深くとることができるため、シーリングの増し打ちでのメンテナンスも可能です。

ALC

　ALCは、1920年代にスウェーデンで開発されて以来、ドイツやオランダなど、ヨーロッパを中心に世界的に発展してきた歴史ある建材です。日本では1963年にドイツから技術導入されて生産が開始されました。

　木造には厚さ35mmまたは37mmのALC、鉄骨造には厚さ50mmのALCを使用します。

▲ALC

▶▶ 金属板

　金属板の外装には、**亜鉛メッキ鋼板**、**ガルバリウム鋼板**、**塩化ビニル樹脂鋼板**などがあります。防水紙の上に胴縁を施工し、その上に金属板を貼って仕上げます。窯業サイディングに比べて、一般的に高い耐候性があります。

●見分け方と劣化の特徴

　金属板の見分け方ですが、外観および叩いたときの金属音と感覚で判断します。劣化は、塗装の退色、チョーキング、錆の発生です。

　劣化の進行に応じて再塗装を行います。錆が発生している箇所は、ケレンを行って錆止め塗料で下地処理を行います。

外装用金属板の種類	
ガルバリウム鋼板	鋼板にアルミニウム合金でメッキ処理したもの 亜鉛鋼板の3～5倍の耐候性がある
亜鉛メッキ鋼板	鋼板を亜鉛メッキ処理したもの
塩化ビニル樹脂鋼板	塩化ビニル樹脂で保護皮膜をつくった鋼板 比較的安価

▶▶ 鉄筋コンクリート

　コンクリートは、圧縮強度（上部からの加重を支える力）に優れているものの、引っ張られる力に弱く、その弱点を鉄筋が補っています。また、鉄筋をアルカリ性のコンクリートが覆うことで、鉄筋を錆から守っています。これが**鉄筋コンクリート**＊です。木造住宅の基礎も鉄筋コンクリートでつくられています。

　コンクリートの外壁では、**打ち放し仕上げ**＊や塗装による仕上げ、またはタイルや石などの張り物による仕上げが用いられます。

　打ち放し仕上げでは、雨水や大気により**コンクリートの中性化**＊や劣化が進み、汚れがつきやすくなるため、「**撥水剤**」を塗布して耐水性を維持します。

＊**鉄筋コンクリート**　RC（Reinforced Concrete）ともいわれます。
＊**打ち放し仕上げ**　現場で打設したコンクリートの型枠をばらしたそのままの状態を仕上げとする技法です。
＊**コンクリートの中性化**　コンクリートはアルカリ性ですが、長期にわたって空気中の二酸化炭素に接触すると、表面から徐々にアルカリ性を失っていきます。これが中性化です。中性化が鉄筋部分にまで進行するとすると、鉄筋には錆が発生しやすくなります。

●見分け方と劣化の特徴

コンクリートは、型枠の跡や型枠を固定していた部品の穴の跡が確認できます。

劣化の特徴は、**エフロ***の発生、雨筋汚れ、サッシまわりのシーリングの劣化です。塗装仕上げを行った場合は、経年により退色やチョーキングが起こります。

●メンテナンス方法

定期的な撥水剤塗布、シーリングのメンテナンス、エフロの除去などです。

塗装を行っている場合は、劣化程度により定期的な塗り替えが必要です。

タイルや石を表面に張り付けている場合は、剥落の確認を定期的に行います。

▶▶ その他の外壁

わが国の住宅には、かつて杉板や漆喰が多く使われていました。戦後、住宅建設が急増した時代に、合板やハードボードの表面に塗装したり、木目シートを貼り付けたりしたものが多く使われるようになりました。その後、火災時の延焼防止のためモルタルに置き換わり、さらに窯業サイディングへと変わってきました。

❶木材

木の無垢材（むくざい）（原木から切り出したままの木材）の代表的なものは**焼杉**（やきすぎ）です。焼杉は、杉の表面を焼いて炭化させることで耐久性を持たせたものです。外壁として古くから使われてきましたが、現在ではとても高価になっています。

木材を外壁に使用する場合は、地域によって防火上の制限があるため注意が必要です。近年は、特殊処理によって難燃化や防火構造の認定を取得したものが発売されています。

***エフロ（エフロレッセンス）** コンクリートが濡れたあと、コンクリート中の可溶成分を含んだ水がコンクリート表面に移動して析出します。これが乾燥してコンクリート表面に付着したものがエフロです。白い花が咲いているようにも見えるので、白華（はっか）とも呼ばれます。

焼杉

杉板は、表面を焼いて耐久性を持たせています。

●見分け方と劣化の特徴

木材の外壁は外観や触った感触で判断します。ほとんどが釘打ちで取り付けられています。劣化の特徴としては、反りや割れで隙間が生じます。合板やハードボードは、表面の塗装や化粧シートの劣化が発生します。メンテナンスとしては塗装を行います。無垢材は浸透性の塗料、合板とハードボードは造膜タイプのウレタン樹脂塗料を使うのが一般的です。

❷漆喰

　漆喰は、水酸化カルシウム（消石灰）、海藻のり（つのまた）、麻の繊維を混ぜた建築材料です。不燃性を持つため古くから使われてきました。和風だけでなく洋風の住宅にも使われていますが、個人の住宅で使用される例は多くありません。土蔵や城郭、寺社建築で目にする機会が多くあります。

　水酸化カルシウムは二酸化炭素を吸収しながら徐々に硬化する特徴を持っています。そして、漆喰は水分が加わると強アルカリ性を示し微生物の繁殖を抑制します。調湿性・消臭性などの機能もあるため、内装にも使用されます。ただし、防水性は低いので注意が必要です。近年は施工できる職人も激減しています。

漆喰

漆喰は色が白く、外観で判断します。

●見分け方と劣化の特徴

　漆喰は色が白く、外観から判断できます。一般的にはフラットでツルツルの仕上げですが、コテでパターンをつけたものもあります。

　劣化の特徴は、ひび割れ、欠け、汚れなどです。ひび割れや欠けは漆喰で補修します。

❸土壁

日本の伝統工法により、土を用いてつくられた壁です。

柱と梁(はり)で囲まれた壁空間に、竹と縄で木舞/小舞(こまい)と呼ばれる格子をつくり、これに土を塗り重ねて壁をつくります。土壁の仕上げは、内壁については漆喰が中心です。外壁は、土壁や漆喰、杉板などの仕上げとなります。

土壁

観光地などの古い街並みで見ることができます。

❹タイル

粘土などを焼き固めたものであり、耐久性に優れるのが特徴です。

張り付けたタイルは、目地をあとで埋めるため、目地とタイルが一体化しておらず、違う素材が使われています。モルタルや接着剤で壁に貼り付ける方法と、壁に取り付けた金具に引っかける方法があります。窯業サイディングや金属サイディングでタイルを模したものもありますが、質感や目地の素材の違いなどで見分けます。

❺樹脂サイディング

樹脂サイディングは、軽くて燃えにくい外壁材です。塗装が不要で耐用年数は30年以上が期待できます。日本ではほとんど普及していません。

樹脂サイディングは外観から見分けられます。見た感じがプラスチックで軽い感じです。樹脂製の雨樋(あまどい)のような質感のものもあります。

2-3

屋根材

屋根は日頃目立たない存在です。しかし、住宅の耐久性にとって非常に重要な部分です。ここでは、屋根材の種類と見分け方、特徴とメンテナンス方法を解説します。

▶▶ 屋根材の種類

近年の住宅で多く使われている屋根は、金属屋根60%、セメント系15%、粘土瓦15%、アスファルトシングル5%などとなっています。耐久性、耐震性、太陽光パネルの取り付けやすさなどから、金属屋根がシェアを伸ばしています。

屋根材（屋根の仕上材）には、粘土瓦、スレート瓦、セメント瓦、金属板、アスファルトシングルなどがあります。そして、瓦にもいくつかの種類があります。これらの種類は外観からほぼ確実に見分けられます。

屋根材の種類

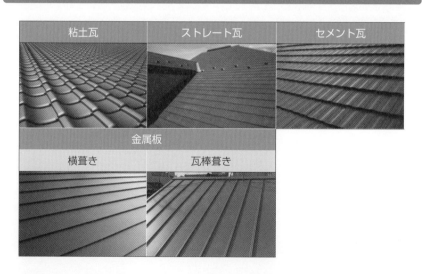

▶▶ 粘土瓦

　粘土瓦は、粘土で形をつくり、焼いて仕上げます。釉薬をかけて焼く**釉薬瓦**、釉薬をかけないで焼く**いぶし瓦**、**無釉瓦**があります。瓦は日本の伝統的な屋根材であり、寺院や城などの屋根材として使用され始めました。その後、江戸時代の大火により防火の面から武家屋敷などの住宅でも使われ始めましたが、一般の住宅に用いられるようになったのは明治以降です。粘土瓦の本格的な工業生産は昭和20年代に始まり、その後、全国で粘土瓦が普及していきました。

　形状は**和瓦**と**洋瓦**に区分されます。瓦は1枚が2～4kgと重いため、風で飛ばされにくく耐候性にも優れていますが、耐震性では不利になります。施工に葺き土を使用している土葺きの場合は、屋根全体の重量がさらに重くなります。勾配は4寸勾配（約21.8°）以上が必要です。1995年の阪神淡路大震災以降、土葺きは急速に減りました。

　今日ではJISにより規格化されているため、割れても、その部分を別の瓦に取り換えることができます。施工後の屋根は、瓦の下に隙間があるため、暑い時期には熱気が抜けて屋根下の温度を下げる効果があります。

　これらの瓦の違いは、形状および表面の色とツヤで判断します。

粘土瓦の種類

形状	和瓦	洋瓦	
	J形	F形	S形

※F形はフラットな形状で、すっきりとした屋根になります。
※S形はスパニッシュ瓦とも呼ばれます。

表面仕上	釉薬瓦	いぶし瓦	無釉瓦

※無釉瓦は、いぶし瓦のように蒸し焼きにせず、素焼きします。

第2章　外装の材料とメンテナンス方法

41

①釉薬瓦

　粘土を瓦の形状にして、その上に釉薬をかけ、高温で焼き上げた瓦です。**陶器瓦**とも呼ばれます。

　釉薬瓦は、瓦の表面にガラス質の釉薬層が形成されているため、水が浸透せず、長い年月を経ても美しい状態を保ちます。瓦自体のメンテナンスの必要はありません。釉薬によって様々な色を表現できます。釉薬瓦自体は、割れない限り半永久的に使用することができます。

　メンテナンス方法としては、傷んだ瓦を交換していくことになります。釉薬をかけて焼き上げているため、水も浸透せず、寿命が長いため、定期的な塗り替えは必要ありません。地震や台風などによる瓦のずれや浮き、割れが起こっている場合は、雨漏りにつながるため早めの処置が必要です。

②いぶし瓦

　いぶし瓦は、素地の状態で瓦を焼成し、そのあとで蒸し焼きにしたものです。日本建築の城や社寺の屋根に多く使われます。

　蒸し焼きにすることで、瓦の表面に炭素膜が形成され、全体が渋い銀色をした瓦になります。

　年月の経過とともに、表面の炭素膜が剥がれ落ちて変色します。炭素膜が剥がれると水が浸透しやすくなります。定期的な塗り替え工事は不要ですが、変色が気になる場合は塗装を行います。

③瓦屋根の部材（熨斗と漆喰）

　熨斗（のし）と**漆喰**は、粘土瓦・セメント瓦（和瓦、洋瓦）による瓦屋根の棟（むね）に使用されています。棟は小屋組のあるすべての屋根の一番の頂部です。

　熨斗は、瓦屋根の中でも特に目立つ箇所なので、その高さや装飾など、デザイン的に重要なポイントとなります。

　漆喰は（p.38参照）は、瓦屋根の隙間に詰め込んで防水性を高めます。

瓦屋根の部材

熨斗はデザイン的にも重要なポイントです。瓦屋根の隙間に漆喰を詰め込みます。

熨斗 →

漆喰

●メンテナンス方法

　瓦は一枚一枚が独立しているため、部分交換や補修が可能です。

　傷んだ瓦があれば、瓦を交換します。瓦に飛来物が当たって割れたり、強風等によってずれたりした場合は、屋根の補修が必要です。雨漏りが起きていなくても防水紙の劣化につながります。漆喰の剥がれによって内部の土が露出し、雨水で流されることもあります。そのまま放置すると棟の並びが変形・湾曲し、棟の崩落・雨漏りにつながります。そうなる前に、漆喰の補修を行います。

　粘土瓦は重量があるため、他の瓦に比べて耐震性が劣ります。また、粘土瓦の重さのせいで、屋根の下地がたわんでしまうこともあります。雨や直射日光による漆喰の劣化により、棟瓦や漆喰の崩れが生じることもあります。この場合も葺き替えを行います。屋根下地のたわみは、屋根材の間に隙間を発生させ、瓦のずれなどにもつながり、雨漏りあるいは下地等の腐食の危険性を高めるので、早目の補修が必要です。葺き直しでは、まずは既存の瓦を外します。漆喰なども剥がして撤去します。外した瓦は再び使用するので、割れたりしないように慎重に扱い、きちんと整理して保管します。古い時期に施工された瓦屋根は土葺きになっているので、瓦の下に土があります。この土を撤去します。土ぼこりが舞うので、近隣に飛散しないように足場を通常よりも高く組み、メッシュシートをしっかりとかけます。

　野地板（屋根材の下地材）が傷んでいる場合は、交換や補修をします。まずは野地板の上に新しい防水紙を敷設し、その上に瓦桟木を一定の間隔で取り付けていきます。その上に瓦を設置すると、土を使わないので、屋根の重量を3分の2から2分の1程度まで減らすことができます。これにより耐震性も向上します。瓦を葺き直し、棟瓦に漆喰を詰め直します。棟の部分には瓦が幾重にも積まれているので、銅線を結び、しっかりと固定します。

　熨斗のずれや割れなどが生じている場合は、ずれや割れの発生した熨斗を取り換えた上で、新しい銅線を巻いて固定します。

　漆喰の割れ、欠け、外れが生じている場合は、その部分を除去して新しい漆喰を詰め込みます。

▶▶ スレート瓦

　スレートは石質薄板の総称で、天然物と人工物があります。天然物の石材は高価であるため、住宅では人工物が使用されます。この人工物が**スレート瓦**で、**化粧スレート**、**着色スレート**などとも呼ばれます。**コロニアル**や**カラーベスト**と呼ばれることもありますが、これはケイミュー（株）の商品名です。

　スレート瓦は、セメントと繊維を主原料として成形した板に塗装をしたものです。

　軽く、安価で、施工しやすいのが特徴です。軽量であるため地震に対して有利です。表面の塗装で耐候性を保っているため、劣化の進行により定期的に塗り替えを行う必要があります。かつては原料に**石綿**（**アスベスト**）が使用されていましたが、アスベストの使用が禁止された2004年以降は無石綿になっています。

　防水のため3寸勾配（約16.7°）以上が必要です。勾配が基準より小さいと、雨水の増大時にスレート瓦の裏面に水が回って、雨漏りにつながります。

　粘土瓦に比べて重量が軽く、施工が非常に簡単なことから、これまで多く使われてきました。プレハブ住宅にも採用されています。

　欠点として、屋根下地部分の通気性が悪く、木材の腐食や劣化が進みやすいことがあります。

●メンテナンス時期

　スレート瓦は塗料で美観と耐久性を維持しているため、定期的な塗り替えが必要です。「くすんで見える」「薄汚れて見える」と感じた場合は塗り替え時期です。

　塗膜が劣化して防水性が低下すると、水はけが悪くなり、汚れも付着しやすくなります。汚れが付着した部分は水はけがさらに悪化し、汚れの付着もいっそう増加します。このようにして、全体的に劣化が進行します。

●メンテナンス方法

　塗り替えの際は、まず**高圧洗浄**※で屋根の表面に付着しているゴミや汚れを取り除きます。高圧洗浄後は1日乾燥させ、乾燥したら屋根のひび補修や金属部分のケレンを行います。

　これらの下処理を終えてから塗装を行います。まずは下塗り材を屋根に塗布します。下塗りが終了したら**タスペーサー**を挿入します。タスペーサーは、屋根材同士がくっつくことを防止する役割を担います。スレート瓦は平らな板であるため、重なり合った状態で塗装するとスレート瓦同士がくっついて、裏面に入った雨水が逃げ場を失ってしまいます。逃げ場を失った雨水は屋根裏に回ってしまい、雨漏りにつながることがあるのです。

　下塗りのあとは、中塗り、上塗りを行います。上塗りにフッ素樹脂塗料を用いると、汚れを弾きやすく、付着しても落としやすい、紫外線に強いという特徴があります。15〜20年の耐久性が期待できます。

　割れが発生している場合は、その上から塗装を施してもまたすぐに割れてしまうので、シーリングやパテで補修したのちに塗装を行います。屋根を固定している釘が錆びたり屋根に穴があくといった劣化が生じた場合は、釘を打ち直したり穴を塞いだりします。割れが大きい場合や複数発生している場合は、その部分のスレート瓦を交換します。全面的な劣化が進行している場合は、全体の葺き替え工事を行います。

　石綿を含有している古いスレート瓦は、取り外しと廃棄物処理に厳重な注意が必要となります。全体の葺き替えではなく、既存のスレート瓦の上に軽量な屋根材を葺くカバー工法も可能です。

※**高圧洗浄**　外壁や屋根などの塗装する部分について、高圧洗浄機を使って、砂塵（さじん）、汚れ、コケ、藻、カビ、チョーキングなどを水で洗い流すことです。

▶▶ セメント瓦

❶セメント瓦

セメント瓦は、モルタルを型で成形して塗装した瓦です。**コンクリート瓦**ともいわれます。粘土瓦と比べて寸法の均一性に優れているため、座りがよく、施工性に優れています。瓦の表面の塗装で耐候性を保っているため、定期的に塗り替えを行う必要があります。定期的に塗装しないと、セメント瓦自体の劣化が進行し、ひび割れにつながります。

勾配は4寸勾配以上が必要です。粘土瓦に比べて軽い屋根となります。

●見分け方と劣化の特徴

セメント瓦は外観から見分けられます。塗料で着色するため、カラーバリエーションが豊富です。和風・洋風ともに様々な形状があります。

●メンテナンス方法

雨や湿気などにより、カビやコケ、藻が発生することもあります。これらについては、高圧洗浄で洗い流します。15年を目安に塗り替え工事を行います。

ずれや割れを発見したら、すぐに交換します。地震や台風などが原因で瓦のずれや浮きが起こることがあります。このような場合も、雨漏りにつながるので早めに補修します。広範囲での劣化の場合、多くの瓦を取り換えることになりますが、1枚単位での差し替え工事が可能です。最近では葺き替え工事の際に、重量の軽いスレート瓦や金属板に葺き替えることも増えています。葺き替え工事では、まず古い屋根材を撤去します。屋根の下に設置された野地板が傷んでいる場合は、傷んだ部分の野地板を交換し、その上から**防水紙**(**ルーフィング**)を施工します。

❷モニエル瓦(乾式洋瓦)

モニエル瓦は、普通のセメント瓦とは少し異なります。水分の少ないセメントを押出成形した上で、着色**スラリー***と呼ばれるコンクリートと同質の無機質着色材を1mm以上の塗膜として形成させ、その後にアクリル樹脂の塗料を塗った瓦です。

***スラリー** 個体粒子と液体を混合したもので、泥状またはかゆ状です。**セメントスラリー**は、セメントと水の混合によりドロドロになったものです。

　塗膜の下に、着色したセメント層（着色スラリー）があり、その下がセメント瓦になっています。

　押出成形で製造されるため、寸法精度が非常に高いのが特徴です。施工性と防水性を備えており、デザインにも多様性があります。勾配は４寸勾配以上が必要です。

●見分け方と劣化の特徴

　モニエル瓦は、小口（厚みの部分）が凸凹になっています。この部分を手がかりとして、セメント瓦との違いを見分けます。劣化状況としては、塗膜が劣化して表面に汚れが付着します。

　経年により、塗装だけでなくその下の着色スラリー層も劣化します。

●メンテナンス方法

　モニエル瓦は、現在は製造されていません。割れなどにより交換する場合は在庫を探します。交換用の瓦が手に入らない場合は、破損した瓦を接着剤等で補修するか、他の屋根材による全面の葺き替えを行います。

　再塗装を行う場合は、塗料の密着不良を予防するため、下地処理として高圧洗浄でスラリー層の除去を行った上で、モニエル瓦に対応した下塗り用塗料を選定して塗装します。

　しかしながら、製造会社が撤退しているため、石綿建材の事前調査における石綿の使用有無に関し、証明での確認を行うことができません。したがって、独自に成分分析調査を行わない限り、石綿含有が不明な建材として取り扱うことになり、高圧洗浄時に石綿の飛散防止対策として隔離養生や洗浄水の回収をしなければなりません。

　そうすると養生費用が非常に高くなるため、再塗装は実質的には難しくなります。したがって、モニエル瓦のメンテナンスは、「石綿の飛散リスクが小さい他の屋根材による葺き替え」が現実的な方法となります。

第２章　外装の材料とメンテナンス方法

▶▶ 金属屋根

　金属屋根は、軽量で、**雨仕舞***や耐候性の点で優れています。古くから屋根に使われてきた金属素材としては銅板がありますが、高価であるため広くは使われていません。住宅の屋根で多く使われるのが、**ガルバリウム鋼板**、**亜鉛メッキ鋼板**です。

　ガルバリウム鋼板は、亜鉛とアルミの合金を鉄板にメッキしたものです。鉄板に比べて耐久性が高く、比較的安価です。

　亜鉛メッキ鋼板は、亜鉛メッキで加工した鋼板です。亜鉛の表面には酸化被膜が形成されるため、水に強く（**保護被膜作用**）、傷ができた場合でも、亜鉛は鉄より腐食しやすく、亜鉛が優先して腐食することで鉄の腐食を防ぐ効果（**犠牲防食**）があります。塗装して使用しているので、定期的に塗り替えを行う必要があります。

　ステンレス鋼板も半永久的に使用できる屋根材です。塗装して使用することが多いため、やはり定期的に塗り替えを行う必要があります。

　金属板の葺き方としては、**瓦棒葺き**、**一文字葺き**などがあり、瓦棒葺きには、心木ありと心木なしがあります。一文字葺きは、横の継手がつながるように、軒先から棟に向かって葺く工法です。継ぎ目がないので雨漏りの恐れが少なく、3寸以下のゆるやかな勾配でも使用することができます。

　金属屋根は瓦と違い、一枚一枚を屋根に積んでいくわけではないため、地震時に落下する危険性がなく、強風で飛ばされることもあまりありません。

　金属屋根は断熱性・遮音性に劣るため、屋根下地あるいは小屋裏に断熱材や遮音材を入れて施工します。

●見分け方と劣化の特徴

　外観と叩いた感覚で判断できます。金属屋根は、軽量性・防水性・不燃性・加工性に優れているのが特徴ですが、表面塗装のメンテナンスが必要です。塗装して使用しているので、定期的に塗り替えを行う必要があります。防錆・防蝕の注意も必要です。

　金属屋根は雨音が大きくて気になることが指摘されていましたが、今日では屋根材自体や施工法の改良により、遮熱性や断熱性も含めて改善されています。

***雨仕舞**　建物に雨水が入らないようにする仕組みのことです。

金属屋根

▼瓦棒葺き

▼一文字葺き

金属屋根は軽量で、
雨仕舞や耐候性に
も優れています。

▶▶ アスファルトシングル

　アスファルトシングルは、ガラス繊維のマットにアスファルトを浸透させ、その上に石粒を張り付けた屋根材です。**シングル屋根**とも呼ばれます。シート状で扱いやすく、曲面などの複雑な屋根形状にも施工することができます。石粒の色によって様々なカラーバリエーションがあります。一般的な屋根瓦は45〜60kg/m^2、スレート瓦は18〜21kg/m^{2}ですが、アスファルトシングルは9〜12kg/m^{2}と軽量です。そのため、アスファルトシングルに葺き替えることで、耐震性を高めることができます。

　また、素材がアスファルトなので、ひび割れや錆が発生しません。表面が石粒で覆われているため傷がつきにくく、防水性・耐候性・耐久性にも優れています。耐震性・防水性・耐久性に優れており、アメリカでは屋根材の代名詞となっています。

　安価であり、施工も釘と接着剤で下地の上に貼っていくだけなので簡単です。3寸以下の勾配でも使用可能です。

●見分け方と劣化の特徴

　表面に石粒があることで、アスファルトシングルを見分けることができます。アスファルトシングルは6mm程度の薄いシートであるため、強風によって剥がれや破れが起きる場合があります。表面の石粒が落ちることもあり、放っておくと劣化を早めるため、5〜10年ごとの定期点検が必要です。

　既存のスレート瓦の上にアスファルトシングルをかぶせる**屋根カバー工法**を行うこともあります。カバー工法では、解体時の廃材が発生しません。また、工事期間も短くなり、断熱効果や防音効果が高くなるのがメリットです。ただし、屋根の重量は増えます。

●メンテナンス方法

　表面の石粒の剥がれやアスファルトシングル自体の浮きが生じている場合は、部分的な張り替えで補修を行います。屋根材を保護したい場合は塗装で補修を行います。

　塗装による補修をする場合は、まず、高圧洗浄機で汚れ、コケやカビなどを落とします。その上で、下地の状態を整えて、塗料の密着を高めるために下塗り材を塗ります。さらに、中塗りと上塗りの2回に分けて重ね塗りをします。

アスファルトシングル

アスファルトシングルは、表面に石粒があります。

▶▶ 屋根の部材

①棟板金・雨押え板金

棟板金（棟包み）は、屋根の頂部に設置されている板金です。頂部の防水を行います。雨押え板金は、屋根と壁の取り合い（接合部分）で、雨水を壁際に浸入させないようにしています。雨漏りがしやすい部分なので注意が必要です。

②谷樋

谷は、2方向の屋根が交差して谷のように水が集まる箇所です。水が集まって流れるため、屋根で最も雨漏りがしやすい部分です。

③ケラバ板金

ケラバとは、切妻屋根および片流れ屋根（p.110参照）の妻側（屋根の雨樋がないほう）にある端部のことです。ケラバ板金は、屋根面からの雨水の浸入を防ぎます。

▲ケラバ板金

①や③の板金が劣化すると、板金の退色や錆の発生、釘の浮き上がり、釘部のシーリングの劣化、下地木材の腐朽などが生じます。退色や錆については、錆をケレンして塗り替えます。釘の浮き上がりがあるときは、下地の木材の劣化を確認の上、釘を打ち込んでシーリングします。下地の木材が傷んでいるときは取り換えます。なお、②谷樋の劣化の特徴やメンテナンス方法については、雨樋の項（p.70）をご覧ください。

▶▶ 屋根の付属物

①トップライト（天窓）

トップライトは、採光や通風のため屋根に設置される窓です。壁面に設ける窓に比べ3倍ほどの採光効果がありますが、雨漏りに注意する必要があります。

劣化の特徴は、屋根材との取り合い部の板金の錆、トップライトを固定している釘やビスの浮き上がり、防水シーリング材の劣化、雨漏りの発生です。

第2章 外装の材料とメンテナンス方法

　雨漏りがあればトップライト周辺を確認して、板金部分の補修と取り換え、釘やビスの取り換えとシーリング材の施工を行います。

②ドーマー

　屋根上に設けた屋根付きの窓です。**ロフト***への採光と通気を目的としています。屋根から突き出た小さな屋根になっているため、デザイン的にも人気ですが、雨漏りの危険性が高くなります。

　劣化の特徴とメンテナンス方法は、トップライトと同様です。

●付属部分の防水

　屋根の付属物であるトップライトやドーマー、そして煙突まわりは、雨漏りがしやすいところです。屋根の水の流れが滞る場所であり、かつ、その周辺の施工が複雑になるためです。雨漏りを極力防ぐため、これらは、棟や谷からは900mm以上、壁際からは300mm以上離して設置します。

　2階の壁と1階屋根との取り合い部も、雨漏りの原因となりやすいため、防水層を120mm以上立ち上げます。

2階壁と1階屋根の取り合い部

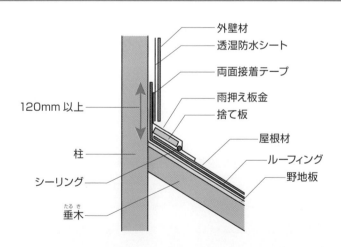

120mm以上

柱

シーリング

垂木

外壁材
透湿防水シート
両面接着テープ
雨押え板金
捨て板
屋根材
ルーフィング
野地板

***ロフト**　天井を高くして部屋の一部を2層式にした上部空間のことです。専用はしごが設置され、就寝スペースや子どもの遊び場、収納スペースなどとして利用されます。屋根裏部屋とも呼ばれます。

屋根各部の名称

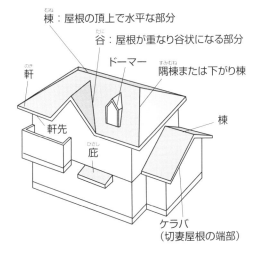

棟^{むね}：屋根の頂上で水平な部分

谷^{たに}：屋根が重なり谷状になる部分

ドーマー

隅棟^{すみむね}または下がり棟

軒^{のき}

軒先

庇^{ひさし}

棟

ケラバ
（切妻屋根の端部）

雨水が浸入しやすい部位

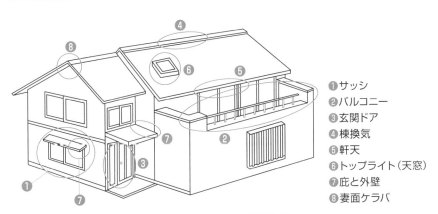

❶ サッシ
❷ バルコニー
❸ 玄関ドア
❹ 棟換気
❺ 軒天
❻ トップライト（天窓）
❼ 庇と外壁
❽ 妻面ケラバ

出典：（一社）住宅リフォーム推進協議会：屋根・外壁リフォームの留意点より

防水材

ここでは、シーリング材や防水紙など、外装に用いる**防水材**について解説します。

▶▶ 外装の防水

外装の防水は2段階で行われます。

一次防水となるのが、外壁や屋根の素材、そしてその継ぎ目です。外壁や屋根の素材は、塗装や**表面処理**によって防水性が強化されます。表面処理とは、瓦に釉薬をかけて高温で焼くことで表面の防水性・耐久性を高めることなどです。継ぎ目については、重ね合わせや相じゃくり、シーリング、ガスケットなどの方法が用いられます。

二次防水は、一次防水の次の防水ラインであり、外装材の後ろで防水を行うことです。外壁の裏にある防水紙や、屋根の下にある**ルーフィング**がこれに当たります。

一次防水のシーリング材は劣化によって亀裂が入ることがありますし、屋根も釘穴から雨水が漏れたり、強風時には外壁の相じゃくりから裏面に水が回ることがあります。こういった水の浸入を防ぐのが二次防水です。

▶▶ シーリング材

外壁材のうち、窯業サイディングやALCなどの外壁は、板と板の間に継ぎ目ができます。この目地は**シーリング材**で防水します。外壁材の継ぎ目だけでなく、窓と外壁材の継ぎ目も同様です。シーリング材による目地は、**湿式目地**と呼ばれます。

●シーリング材の特徴

シーリング材は、柔軟性を持つ材料であり、カートリッジから押し出して目地に充填します。施工後は硬化してベタつきはなくなりますが、固まってもゴムのように弾力性を持つ防水材です。目地は、湿度や温度の変化による外壁材の伸縮、地震や周辺交通による建物の振動により、微妙に動きます。シーリング材はその弾力性を生かして外壁材の動きに追従し、目地の防水性を維持します。シーリング材の弾力性が、外壁材の破損やシーリング切れを防いでいるのです。

　外装のシーリング材としては、変成シリコン系やウレタン系が用いられます。シーリング材の上から壁全体に塗装を行う場合は、変成シリコン系やウレタン系の**ノンブリードシーリング材**を使用します。

　かつてのシーリング材は10年程度で打ち替えが必要でしたが、近年は性能向上により15〜20年程度の耐久性を持つようになっています。

●劣化の特徴

　外気にさらされるシーリング材は、経年劣化により、硬くなったり表面にひびが生じたりします。こうなるとシーリング材が外壁の動きに追従できなくなり、亀裂が発生し、その隙間から雨水が外壁自体や裏面に浸入します。このような浸水を長期間放置し続けると、外壁内部の劣化が進みます。そのため、施工後10年程度での確認が必要です。

　太陽がよく当たる南面や西面は、他の方位に比べてシーリング材の劣化が激しい傾向にあるため、日当たりのよい位置・方角で重点的に点検を行います。

●メンテナンス方法

　シーリング目地のメンテナンスでは、既存のシーリング材を完全に除去し、新しく充填し直します。これを**打ち替え**と呼びます。

　まず、既存のシーリング材にカッターを使って切れ込みを入れていきます。古いシーリング材が根こそぎとれるように、できるだけ目地の端に沿って切れ込みを入れます。次に、ペンチなどを使用して、古いシーリング材を目地から引き剥がします。サイディングの**小口面***に残ったシーリング材も、カッターなどを使って丁寧にそぎ落とします。そのあとは、小口面に**プライマー***を塗布して、新築時と同様にシーリング工事を行います。シーリング材の施工にあたっては、接着面を清掃して十分に乾燥させた上で、プライマーを塗布します。目地に既存のシーリング材が残った状態で新しいシーリング材を充填すると、本来の密着性能を発揮することができないため、注意が必要です。

　ALC外壁のシーリングの場合は、劣化の状況により増し打ちも可能です。

***小口面**　材料の断面のことです。
***プライマー（シーリングプライマー）**　外壁材とシーリング材の接着性を高め、シーリング材の剥離を防ぐための下塗り材のことです。

シーリング工事で大切なのは、2面接着にすることです。そのため、**ボンドブレーカー***や**バックアップ材***を用いて、底面が接着しないように施工します。目地幅は8～10mm程度とします。

シーリング材には1成分形と2成分形があります。**1成分形**はカートリッジ式が一般的で、そのままの状態で使用できます。**2成分形**は、基剤と硬化剤を一定の割合で練り混ぜて使用します。着色剤を混ぜることもあります。

●3面接着と2面接着

2面接着の「2面」とは、目地の両側のサイディングの断面のことです。この2面はしっかりと接着されている必要があります。しかし、目地底との接着もある**3面接着**になると、サイディングの動きにシーリング材が追従できずに切れてしまいます。そのため、窯業サイディングのシーリングは**2面接着**とします。

3面接着と2面接着

伸び縮みできない　シーリング材

3面接着の場合　窯業サイディング　②　③　①

伸び縮みしやすい　ボンドブレーカー

2面接着の場合　窯業サイディング　②　①

ハット型ジョイナー

※ハット型ジョイナーは適切な目地深さと幅を確保するために使用します。

***ボンドブレーカー**　目地底との接着を防ぎ、2面接着とするためのものです。サイディング用のハット型ジョイナーの凸部にはボンドブレーカーが貼り付けられています。

***バックアップ材**　シーリングを行う目地の底に取り付ける部品です。これを使うことにより、適切な目地幅と深さを確保します。3面接着も防止します。

●ALCのシーリング

　サイディングは横張りの場合、上下の継ぎ目は相じゃくりですが、ALCではシーリングになります。また、板の1枚の大きさもサイディングよりALCのほうが小さいため、シーリング目地の長さはサイディングに比べて非常に長くなります。そして、継ぎ目は多ければ多いほど、そこからの漏水リスクが高まります。

　ALCは躯体に強固に固定されるため、シーリングは3面接着で問題ありません。ただし、材料が柔らかいため、シーリング材も柔らかいタイプ（低モジュラス）を使用します。

▶▶ ガスケット

　ガスケットは、ゴム状フィンのついた棒状またはひも状の部品です。現場で、外壁パネル間の目地に押し込むようにして施工します。ゴムの反発力によってパネルとガスケットのフィンが密着することで、防水効果を発揮します。押し込むだけなので、施工者の技量による差が出にくく、施工品質の均一化が期待できます。ガスケットの寿命は30年程度といわれています。交換するときは、ガスケットを引っ張って取り外します。フィンにはワイパーゴムのような柔軟性があります。

　大手住宅メーカーでは、外壁パネルの目地にガスケットを用いることが多いようです。**乾式目地**とも呼ばれます。

ガスケット

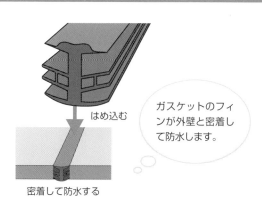

はめ込む

ガスケットのフィンが外壁と密着して防水します。

密着して防水する

●見分け方と劣化の特徴

　ガスケットとシーリングの違いは、外観から判断できます。ガスケットは、劣化によってフィンが硬くなり密着力が低下します。また、経年によって目地から浮き出ることもあります。これらにより防水性が低下します。

●メンテナンス方法

　ガスケット目地のメンテナンスには、①はめ込まれているガスケットを撤去したのちに新たなガスケットをはめ込む、②既存のガスケットを撤去したのちにシーリングを行う、という2つの方法があります。

　外壁の塗り替え時に、既存のガスケットの上から塗装を行う場合は、注意が必要です。ガスケットには、柔軟性を持たせるために可塑剤が含まれています。ガスケットの上に直接塗装を行うと、可塑剤の油分と塗料が化学反応し、軟化してベタベタになることがあります。その結果、ガスケットに塗装した部分にゴミやほこりが吸着して汚れてしまいます。そのため、ガスケットの上から塗装を行う場合は、可塑剤入りのガスケットに適した下塗りを選定することが大切です。**バリヤプライマー**＊をガスケットに塗布し、その上に塗装を行います。

▶▶ 防水紙（透湿防水シート）

　透湿防水シート（透湿防水紙）は、「水は通さずに湿気（水蒸気）を通す」性質を持つシートです。主に木造住宅の外壁内部の屋外側に、防水紙として用いられます。**タイベック**と呼ばれることもありますが、これは商品名です。

　透湿防水シートは、外壁通気構法の普及に伴って広く使用されるようになりました。外壁通気構法は、壁体内に侵入した湿気を通気層により外部に放出する工法です。

　室内で発生した水蒸気が壁体内に入り込んだ場合、湿気は透湿性のある透湿防水シートから通気層を通じて屋外に排出されるので、壁体内結露の発生を防止できます。外壁材の接合部などから浸入した雨水に対しては、壁体内に入り込むことを防いで速やかに排出します（p.98参照）。

＊**バリヤプライマー**　下地の可塑剤が仕上げ塗材に移行するのを防ぐために、下地の表面に塗布するプライマーです。

●見分け方と劣化の特徴

　かつて外壁の防水シートとして用いられていた**アスファルトルーフィング**は、黒くて重たいシートで、透湿性はありません。透湿防水シートは、ほとんどが白くて軽いシートです。透湿防水シートには**不織布タイプ**と**フィルムタイプ**があります。フィルムタイプは、熱で劣化しやすいほか、防蟻処理剤に濡れても劣化することがあります。

　外壁材の施工後は、外部からシートの状態を確認することはできません。劣化は、留め付けている**タッカー**[*]の穴の拡大やシートの破れ、硬化などです。

●メンテナンス方法

　外壁の張り替え工事時に透湿防水シートの状態を確認し、劣化が認められる場合は張り替えを行います。

　透湿防水シートを施工する際は、下から上へ重ねて張ります。また、上下の重ね代は100mm程度確保し、左右の継ぎ目は150mm以上確保します。開口部まわりは、防水テープを貼ってサッシのツバと密着させて防水します。

透湿防水シートの施工

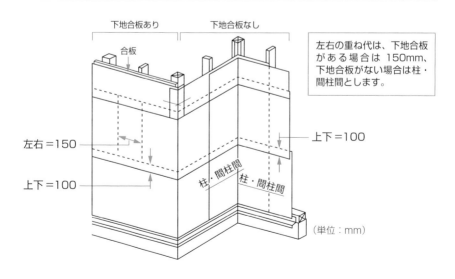

下地合板あり　　下地合板なし
合板

左右の重ね代は、下地合板がある場合は150mm、下地合板がない場合は柱・間柱間とします。

左右＝150
上下＝100
上下＝100
柱・間柱間
柱・間柱間

（単位：mm）

＊**タッカー**　木工や建築作業で使用するホッチキス型の工具です。コの字型のステープルを木材などに簡単に打ち込むことができます。

▶▶ アスファルトルーフィング

アスファルトルーフィングは、有機天然繊維を主原料としたフェルト状の原紙にアスファルトを浸透・被覆し、その両面に鉱物質の粉末を付着させたものです。かつては外壁の防水にも屋根の防水にも使われていましたが、今日ではもっぱら屋根の防水用として使用されています。

屋根下に使われる防水シート（下葺き材）には、アスファルトルーフィングと**改質アスファルトルーフィング（ゴムアスルーフィング）**があります。

施工方法は、タッカーで野地板に留め付けます。タッカーで留めると、ルーフィングに小さな穴があきますが、ルーフィングの場合はタッカーであけた穴をアスファルト成分が塞ぐため、問題はないとされています。ただし、アスファルトルーフィングが劣化すると硬化し、「アスファルト成分が穴を塞ぐ」ことができなくなって、タッカー留めの穴から雨水が浸入することがあります。

野地板にスレート瓦を固定する釘も、ルーフィングを通過します。これはタッカーよりも穴が大きいため、劣化して硬化したルーフィングは釘の隙間を埋めるることができず、雨漏りを生じることがあります。

このような問題を防ぐのが、上述の改質アスファルトルーフィングです。改質アスファルトルーフィングは、タッカーや釘にまとわりつく力が通常のアスファルトルーフィングよりも強いため、防水性が向上しています。改質アスファルトは、弾性を持ちながら、高温でダレにくく低温で割れにくい、といった優れた特性を持っています。最近のアスファルトルーフィングには、粘着性のものがあります。タッカーを使わずに野地板に貼り付けて施工することができます。

●アスファルトルーフィングの施工

ルーフィングは、下から張っていき、上下100mm以上、左右200mmの十分な重ね代をとります。谷部や棟部は施工が複雑になり、雨漏りしやすいため、250mm以上の重ね代をとります。また、屋根が壁とぶつかる部分は、ルーフィングを250mm以上立ち上げて、壁の透湿防水シートと連続した防水層とします。水切りの板金も100mm程度立ち上げます。

ルーフィングの施工（1）一般部

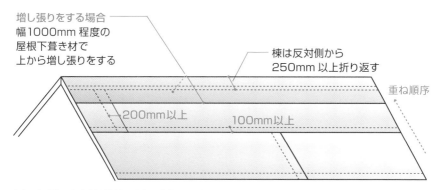

増し張りをする場合
幅1000mm 程度の
屋根下葺き材で
上から増し張りをする

棟は反対側から
250mm 以上折り返す

重ね順序

200mm以上　　　100mm以上

出典：（一社）日本防水材料協会：屋根下葺材施工要領　https://aspdiv.jwma.or.jp/jutaku/jutaku-08.html

ルーフィングの施工（2）谷部

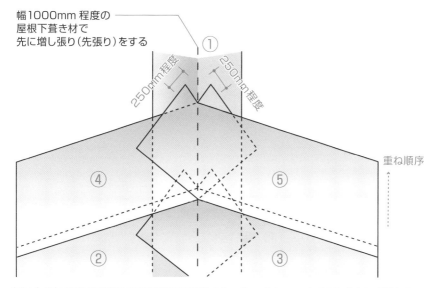

幅1000mm 程度の
屋根下葺き材で
先に増し張り（先張り）をする

①

250mm程度　　250mm程度

重ね順序

④　⑤

②　③

出典：（一社）日本防水材料協会：屋根下葺材施工要領　https://aspdiv.jwma.or.jp/jutaku/jutaku-08.html

●見分け方と劣化の特徴

屋根の防水性を最終的に維持しているのはルーフィングですが、外部からアスファルトルーフィングの劣化を判断することはできません。小屋裏を点検し、野地板に漏水の跡などが見られるかどうかを点検します。寿命が15〜20年程度であるため、定期的に葺き替えることで雨漏りの発生を防ぐことができます。

●メンテナンス方法

アスファルトルーフィングの点検は、屋根の葺き替え時に行います。損傷や劣化、釘穴やタッカー穴の拡大が見られる場合は、ルーフィングを張り替えます。

屋根の雨漏りしやすい部位

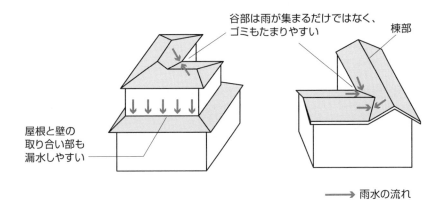

谷部は雨が集まるだけではなく、ゴミもたまりやすい

棟部

屋根と壁の取り合い部も漏水しやすい

⟶ 雨水の流れ

▶▶ FRP

FRPは、バルコニーの防水に用いられます。Fiber Reinforced Plastic（**繊維強化プラスチック**）の略で、樹脂にガラス繊維を混ぜて強化した材料です。FRPの防水層は継ぎ目がないため、外観的にもきれいに仕上がります。

また、防水層が軽量で強く、下地への追従性があり、耐久性・耐熱性・耐候性などに優れています。

FRP防水（バルコニー床の断面）

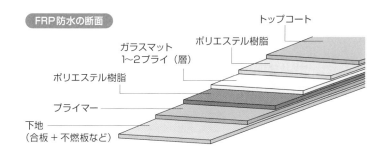

FRP防水の断面

トップコート
ポリエステル樹脂
ガラスマット
1～2プライ（層）
ポリエステル樹脂
プライマー
下地
（合板＋不燃板など）

⏩ その他の防水

　鉄筋コンクリート造や鉄骨造の住宅の屋根には、以下のような防水が行われています。

①アスファルト防水

　液状のアスファルトとシート状のアスファルトルーフィング、アスファルトフェルトなどを2層以上に重ねて防水層をつくる工法です。防水層が厚くて連続しているため、信頼性が高い防水工法です。**押えコンクリート***で仕上げることが可能です。鉄筋コンクリート造などの**陸屋根***の防水工事に用いられます。

　押えコンクリートが破損して防水層が露出していると劣化が進行し、防水層が破断していれば雨漏りにつながります。こういった場合はメンテナンスが必要です。

　メンテナンス方法は2つあります。1つは、既存の防水層をすべて取り去り、新たに防水層を施工する方法です。もう1つは、既存防水層の上に新たに防水層を重ねて施工する方法です。

　重ねて施工する場合は、新たなシートをアスファルトの粘着性で張り付けるか、アスファルトを熱して融着させます。表面がコンクリート仕上げになっている場合は、コンクリート表面に防水機能を持つ塗装を行って防水性を回復させる、という**塗膜防水**の方法もあります。

＊**押えコンクリート**　防水層を仕上げた後に打設するコンクリートのことです。防水層を紫外線から守り、長持ちさせることができます。

＊**陸屋根**　フラットな屋根のことです。防水をしっかり行う必要があります（p.111参照）。

②シート防水

　厚さ1〜2.5mm程度の合成ゴムやプラスチックの防水シートで屋上を覆う防水工法です。ゴムシートを用いた防水と、塩化ビニル（PVC）シートを用いた防水があります。ゴムシートは弾性があり、伸縮性に富んでいます。塩化ビニルシートは、シート相互の溶着や熱融着が可能なため、施工性に優れています。

　シートの接合部が剥がれている場合や防水層に穴・剥離が生じている場合は、メンテナンスが必要です。メンテナンス方法は、上から新たなシートを張り付けます。

③塗膜防水（ウレタン防水）

　防水塗料を塗り重ねて防水する方法です。補強シートを下地に使用し、その上からウレタン樹脂を塗布します。塗料であるため、下地の凹凸によって均一な厚みにならず、薄い部分が弱点になりやすい、という特徴があります。逆に、複雑な形状であっても、シート防水などより簡単に施工できます。

　強い紫外線や、冬場の低温と真夏の高温の繰り返しで劣化し、耐久性は6〜8年程度であるため、定期的な塗り替えが必要です。

　これらの防水層に、下地からの剥離や膨れ、亀裂などが生じている場合は、その部分を撤去・補修してから新たな防水層の施工をします。

2-5

その他の部位

外壁や屋根以外にも、外装にはいろいろな部位があり、様々な部品が使われています。これらも、外壁や屋根と同様にメンテナンスが必要です。

▶▶ 軒天

屋根は外壁から大きく張り出しています。この張り出した部分が**軒**で、その裏（下側）に当たる部分が**軒天**です。火事で隣家から炎が上がった場合、軒天がないと屋根裏まで一気に燃え広がります。そこで、建築基準法上、「**準防火地域***の木造建築物において、延焼の恐れのある部分の軒天」は防火構造としなければなりません。

軒天の建材としては、窯業サイディングやケイカル板のほか、モルタル仕上げが使われていることもあります。古い住宅には合板が使われていることもあります。

●劣化の特徴

軒天は、雨や風などの影響を受けて汚れたり塗装が剥がれたりします。仕上げが白やクリーム色で行われることが多いため、汚れが目立ちます。屋根の雨漏りにより、シミが見られることもあります。

軒天

外壁から張り出した屋根の裏側が軒天です。

***準防火地域** 防火性能を高め、火災の延焼速度を抑えるための規制が適用される地域です。大都市を中心として、建物が密集する市街地に広く指定されています。建築物の構造や屋根・外壁・軒天などが指定の性能を満たすことが求められます。

　台風などの豪雨時に雨水が軒樋の排水能力を上回る場合、あるいは樋や集水器にゴミなどが詰まっている場合には、雨水があふれます。あふれた雨水が軒天に浸水して雨漏りにつながることもあります。ゴミの詰まりがあれば取り除きます。また、軒天には鳥などが巣をつくることもあります。そのため、定期的な点検が必要です。

　軒天は紫外線に当たりにくい場所ですが、照り返しなどで退色（色あせ）が徐々に進みます。屋根の雨漏りや軒天の内側への雨水の浸入があると、表面にシミとなって現れます。そして、塗膜の剥がれや化粧シートの剥離が見られたり、藻やカビが発生したりすることもあります。

●見分け方

　軒天の建材は外観から見分けることができます。

　一般的に外壁として用いられる窯業サイディングは、軒天にも用いられます。

　軒天に使用されている**ケイカル板**には、板自体に色がついているカラーケイカル板や木目調のものもあります。塗装ではなく、模様のついたシートをケイカル板の上に貼っているものもあります。

　ケイカル板とはケイ酸カルシウム板のことで、水酸化カルシウムとケイ酸質原料、繊維を主原料として板状に成形し、オートクレーブ養生した建材です。湿気で寸法が変化したり反り返ったりすることが少なく、寸法安定性や耐久性に優れています。原料が無機質材なので、腐食する心配もありません。

　住宅では、水回りの壁や天井下地材などにも使用されます。加工のしやすさから、表面を化粧処理して内外装材などとしても用いられています。

軒裏と有孔板

　軒裏とは軒裏天井のことです。軒天の同義語として用いられます。
　窯業サイディングやケイカル板には、穴をたくさんあけた**有孔板**があります。これを軒裏に用いると、軒の内部に空気を取り入れることができるため、天井裏の結露を防止することができます。

　ケイカル板は不燃性を備えているため、軒天に使用することで、火災時の屋根裏への延焼を抑える役割も果たします。

　合板は、ケイカル板などに比べて耐火性や耐久性が劣るため、近年では軒天に使用されることは少なくなっています。しかし、昔はよく使われていたため、築年数の長い家では軒天に合板が使われていることがあります。

　表面は、塗装されている場合と、シートが貼られている化粧合板の場合があります。軒天と外壁が連続してモルタルで仕上げられていることもあります。

●メンテナンス方法

　窯業サイディングの軒天の場合、メンテナンス方法の1つは再塗装です。再塗装をすることで、見た目を美しくし、耐久性を回復させます。

　外壁や屋根の再塗装では劣化した塗膜を高圧洗浄で洗い流しますが、軒天では水が浸入する可能性が高いため、高圧洗浄は行いません。まず、ハケや雑巾、サンドペーパーなどで軒天表面の清掃を行います。この作業で、既存塗膜の劣化部分を除去します。そして、軒天を固定している周辺の鉄部に錆止め塗料を塗ります。次に、塗装の密着性を高めるために下塗りを行います。そして、中塗りと上塗りを行います。

　軒天の傷みが激しい場合は、傷んだ軒天を撤去して、下地を整えたのちに、新しい軒天に張り替えます。軒天のメンテナンスは、屋根の工事とあわせて行うと、足場が共有できるために工事を行いやすくなります。

　軒天のケイカル板の劣化が著しい場合は、板ごと交換します。一部の板だけを取り換える場合、他の板との劣化程度の違いにより見栄えが悪くなるため、軒天全体を塗装します。

　軒天の合板の表面が退色している場合は、塗装を行います。シートの剥がれがある場合は、劣化部分を中心に全体的にサンダー（研磨機）でシートを削ってから塗装を行います。合板は、薄い木の板を接着剤によって何枚も貼り合わせた構造であるため、接着力が弱くなって剥がれる場合もあります。

　このような場合は、新たな材料を既存の軒天の上から取り付ける方法もあります。既存の軒天を撤去する必要がなく、表面を新しい材料で覆うため、外観が美しくなるとともに、耐火性や耐久性も高くなります。

　モルタルの場合は、外壁のモルタルと同様のメンテナンスを行います。

▶▶ 破風、鼻隠し

　破風は、切妻屋根の建物の妻面（短辺の外壁面）で、外壁から張り出した屋根の先端に設けられるものです。妻面での屋根を吹き上げるような風を抑え、屋根内への雨水と風の侵入を防ぎます。屋根を構成する野地板やそれを支えている垂木が外から見えないようにする役割もあります。

　鼻隠しは、屋根の軒先で先端を守るように取り付けられています。こちらも、屋根を構成する野地板とそれを支えている垂木を隠すように取り付けられ、屋根内への雨水と風の侵入を防ぎます。鼻隠しには雨樋が取り付けられています。

　破風や鼻隠しには、主に窯業サイディングと同様のセメント系建材が用いられます。金属製や木製の材料が使われていることもあります。表面は塗装されているのが一般的ですが、モルタルで仕上げられている場合もあります。

破風、鼻隠し、幕板

建物の妻面で外壁から張り出した屋根の先端が破風、屋根の軒先で先端を守る部分が鼻隠し、1階と2階の間の境界的な装飾材が幕板です。

破風

鼻隠し

幕板

●劣化の特徴とメンテナンス方法

破風と鼻隠しは、日光や風雨に直接さらされる部分であるため、塗装が劣化しやすくなります。塗装の劣化は、1階よりも2階のほうがより進んでいるのが一般的です。塗装の劣化が進行すると素材の劣化にもつながり、雨水が屋根に浸入する原因となります。雨水が浸入すると屋根裏の腐食にもつながります。破風や鼻隠しの退色や塗装の剥がれ、欠けや破損があれば補修を行います。

メンテナンス方法は取り換えと塗装です。劣化が激しい場合は取り換え、表面塗装が劣化している場合は塗り替えを行います。金属製の破風は錆を落とし、錆止め塗料を下塗りしてから上塗りを行います。

▶▶ 幕板

幕板は、建物の外装にアクセントとして用いられる横長の板です。一般的には、住宅の1階と2階の間に境界的な装飾材として取り付けられています。建物の1階と2階を分けることでデザインを引き締めています。

幕板は窯業サイディングのようにセメント系の材質でできているものが大半ですが、金属製の幕板もあります。セメント系と金属の違いは外観と打音で判断します。

●劣化の特徴とメンテナンス方法

幕板は外壁の上に張り付けてあるため、日射を直接受け、水分もたまりやすい部位です。塗装が劣化すると、セメント系の幕板の上部や表面から水が染み込み、塗膜の剥離などが発生します。

セメント系の幕板では、幕板の上部から水が入り込まないようにシーリングを行います。その上で、高圧洗浄などで不良塗膜を除去してから塗装を行います。石綿含有またはその可能性がある場合は、高圧洗浄を避け、ブラシなどで汚れを落として塗装します。

幕板のひび割れや欠けが多い場合は、幕板を交換します。傷んだ既存の幕板の上に金属製の幕板を取り付ける方法もあります。

金属製の幕板では、錆があればケレンをして錆止めを下塗りした上で、塗り替えを行います。

▶▶ 雨樋

　屋根の雨水を集め、地上や下水に排水する役割を担っているのが、雨樋（あまどい）です。

　雨樋がなければ、屋根を伝ってきた雨水が直接、1階部分の屋根や庇（ひさし）、地上に落ちるため、雨音が非常に大きくなります。また、屋根から落下した雨が破風や鼻隠し、外壁を伝うことになるため、汚れが目立ち、劣化を早めることになります。また、雨漏りの可能性も高くなります。このように雨樋は、建物を雨水から守る重要な部材です。

　雨樋の大きさは屋根と密接な関係にあります。屋根の面積や勾配によって流れる水の量やスピード、飛び出す距離が変わるため、屋根の形状や取り付け位置に最も適した雨樋を用いることが大切です。

　素材は、塩化ビニル製、合成樹脂製、ガルバリウム製などがあります。また、形状は半円型と角型があります。角型は半円型に比べて断面積が大きいため、流水量が多くても対応できます。近年の住宅では角型が増えています。最近では、ゲリラ豪雨などに備えて、片方がせり上がった角型の雨樋もあります。

●劣化の特徴

　雨樋の劣化としては、詰まり、ゆがみ、経年劣化があります。詰まりは、雨樋の中に泥やほこりなどがたまることによって発生します。そのほかにも、雨樋の近くに高い木があれば落ち葉や枝が入ってしまう可能性が高く、虫の死がい、鳥の巣、風で飛ばされてきたゴミなどが詰まりを起こすこともあります。また、雨樋の内部にカビやコケなどが発生すると、雨水がスムーズに流れなくなります。外部からは発見しにくいものです。このような状態になると、本来は水が落ちてこないところから雨水が漏れるようになります。

　ほとんどの場合は掃除をすることで解決しますが、長い間放っておくと雨樋がゆがんでしまい、交換が必要になります。また雨樋は、突風や台風などの暴風雨、屋根に積もった雪の影響でゆがんでしまうこともあります。

　雨樋は常に外で雨風にさらされ、紫外線の影響も受けているので、年月が経つにつれて劣化が進みます。15〜20年程度で金具のグラつきや腐食、つなぎ目の接着の剥がれ、雨樋そのものの劣化による破損などが生じます。

●メンテナンス方法

　樋の接続部がゆるんだ場合は、一度外して接着剤を塗り、再びはめ直します。

　小さなひび割れや穴ができている場合は、周辺の汚れを落としてから、アルミ製の雨樋補修用テープで、ひび割れや穴の部分を覆うように補修します。

　雨樋が部分的に割れている場合は、その部分を交換します。樋を支えている金具が大雨や雪で曲がったり錆びて破損している場合は、既存の金具を取り外して新しい金具に取り換えます。年数が20年以上経過して雨樋が全面的に劣化している場合は、全体を交換します。

雨樋

雨樋は、屋根の雨水を集めて排水します。

水切り

　基礎上や外壁中間部およびバルコニーの床上部などへ設置し、雨水が土台・基礎にかからないようにするものです。雨水の浸入を予防し、構造体や外壁材を保護する目的で設置されています。窯業サイディングの縦張りでは、1階と2階の中間部に設ける**中間水切り**もあります。

第2章　外装の材料とメンテナンス方法

MEMO

第3章

住宅工法の種類と
特徴

住宅の構造にはいろいろな工法があります。ここでは、工法の種類ならびに我が国の住宅で最も多く使われている木造軸組工法の特徴を中心に解説します。

住宅の構造の種類

　住宅の構造は、外から見るだけではわかりにくいものです。しかし、構造によって外壁や屋根の種類、用いる材料が違ってくることがあります。また、構造によって地震や台風のときの挙動が異なることがあり、外装の劣化に影響することもあります。

▶▶ 住宅の構造

　住宅の構造には、構造部材の材料により、木造、鉄骨造、鉄筋コンクリート造に大別されます。木造には木造軸組工法と２×４工法があり、鉄骨造には軽量鉄骨造と重量鉄骨造があります。また、建て方の種類として、現場での施工を合理化したプレハブ工法やユニット工法もあります。

①木造軸組（在来）工法

　木材の柱と梁、床で組み立てる工法です。柱や梁に筋かいを入れ、金物で補強することで水平力に抵抗します。日本の伝統的な工法です。

②２×４(ツーバイフォー) 工法

　２×４インチの部材と合板で床、壁、天井の面をつくり、それらを組み合わせる工法です。外力は壁などの面で受けます。法令などでの公式な名称は木造枠組壁工法です。

③木質系プレハブ工法

　あらかじめ工場生産された木質系の部材やパネルを現場で組み立てる工法です。

④鉄骨系プレハブ工法

　厚さ6mm未満の軽量鉄骨のフレームを骨組みとして使います。部材やパネルを現場で組み立てます。木造軸組工法と同様に柱、梁、筋かいを利用した構造が一般的です。短期間での施工が可能であり、大量生産の住宅に適します。

⑤重量鉄骨造

厚さ6mm以上の重量鉄骨で構造体をつくる工法です。ビルやマンションの建築に用いられます。

⑥鉄筋コンクリート造

コンクリートを鉄筋で補強したもので、RC造とも呼ばれます。現場で鉄筋を配筋し、型枠を組んでコンクリートを**打設**※してつくります。木造や鉄骨造に比べて自由な形状をつくることができます。住宅では主にマンションなどに用いられますが、戸建住宅にも使われています。

⑦ユニット工法

部屋や廊下、階段などを箱状のユニットとして工場で生産し、それを現場で並べたり積み重ねたりして建物をつくる工法です。工期が短いのが特徴です。

⑧その他

丸太組工法や混構造もあります。**混構造**とは、例えば「1階が鉄筋コンクリートで2階は木造」のように、1棟の中で異なった工法が用いられているものです。

丸太組工法

丸太組工法は別荘などでよく見られます。

※**打設**　液状のコンクリートを型枠内に流し込むことです。

第3章　住宅工法の種類と特徴

木造軸組工法（在来工法）

日本の木造住宅で最も一般的な工法です。**木造軸組工法**は**在来工法、在来軸組工法**とも呼ばれます。

▶▶ 木造軸組工法の特徴

日本に古くからある木造住宅の工法で、骨組みに木材を用いて建築します。コンクリートの基礎の上に、木材で建物の土台や柱、梁などを組んで建築します。柱や梁の接合部は**仕口・継手***でつなぎます。このような接合部の加工は、昔は大工さんが行っていました。近年では、設計されたデータをもとに工場で自動加工が行われます。そして、加工されたプレカット部材を工事現場で組み立てます。

木造軸組工法の住宅の構造

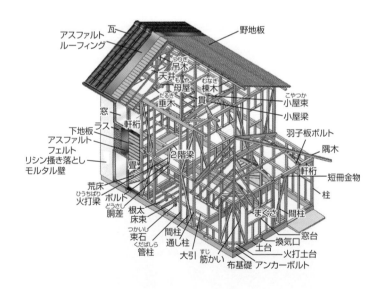

出典：（一社）日本建築学会『建築設計資料集成X 技術』p.65 図「在来木造住宅」

***仕口・継手** 木造建築の柱や梁などに用いられる部材と部材との継ぎ目、または継ぐ方法のことです。部材を長さ方向に結合する場合に**継手**といい、柱と梁など、直角に接合するものを**仕口**といいます。それぞれに凹凸をつくって組み合わせます。

***横架材** 梁・桁など「横に使う部材」ことです。柱など「縦に使う部材」は**軸材**といいます。

プレカットによる代表的な継手・仕口の例

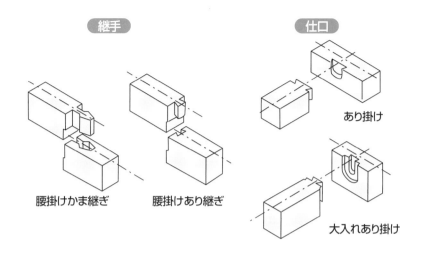

継手

腰掛けかま継ぎ　　　腰掛けあり継ぎ

仕口

あり掛け

大入れあり掛け

　木造軸組工法は、基本的には柱と**横架材**[※]（梁・桁など）によって軸組を構成する工法です。軸組を構成する柱や梁で鉛直荷重を支え、地震や風圧力などの水平力は、筋かいなどの**耐力壁**で支えます。耐力壁とは、柱間に筋かいを入れたり構造用合板等の面材を釘打ちした壁のことです。

　柱や梁・桁などの軸組で構成されるため、間取りの自由度が高く、開放的にすることも可能です。リフォームも行いやすいという特徴があります。

　木造軸組工法には、継手・仕口を木材を加工したもので接合せず、金物で接合する金物工法もあります。

　金物工法は、柱や梁の接合部に特殊な金物を使うことで、加工や施工のばらつきをなくすものです。構造材への切り欠きを極力少なくしているので、接合部が弱点になることもありません。高い強度を確保するため、構造材には狂いや割れが生じない集成材が主に使われます。金物工法用のスリット加工やボルト穴加工も、機械プレカットで行われます。ボルトやドリフトピンで接合を行います。金物工法の金物は、接合部の補強金物（p.84）とは別のものです。

軸組工法と金物工法の比較

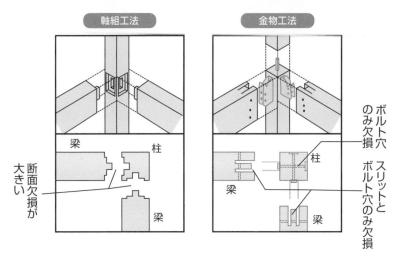

軸組工法

金物工法

梁　　　　柱

断面欠損が大きい

柱

梁

梁

ボルト穴のみ欠損　スリットとボルト穴のみ欠損

出典：（株）アイフルホームテクノロジー ホームページを参考に作成

木造軸組工法で建築中の住宅

木造軸組工法の構造

木造軸組工法では、床組、小屋組、耐力壁、接合部が重要な構造要素です。

▶▶ 床組

床組(ゆかぐみ)とは、1階や2階の床のことです。建物に水平力が作用した場合、床が弱いと接合部が外れ、水平力を耐力壁に伝達できなくなるため、床も強くする必要があります。

かつての木造軸組工法住宅では、大引(おおびき)(床梁)+根太(ねだ)+床板で構成されていましたが、近年は施工の合理化が進み、根太を省略して、厚い構造用合板を床梁に直接釘留めする床がほとんどになっています。これは、水平剛性を高める効果もあります。

床組(1階)

床束(ゆかづか):
大引を支える

大引(おおびき):
床を支える

根太(ねだ):
床板として厚い構造用
合板を用いる場合は
根太を省略する

束石:
床束を支える

▶▶ 小屋組

　小屋組は、屋根を支える構造です。梁の上に小屋束を立て、その上に母屋を載せ、さらにその上に垂木を載せて、野地板を釘打ちしてつくります。

　小屋組は、床組同様に水平力を受けますが、①勾配を持つ、②軒先で風の吹上げの力を受ける、という点が床組と異なっています。

　かつて日本では、日除けと雨仕舞をよくするために、垂木のはね出しを長くして軒の出を大きくしていました。しかし近年は、敷地の制約や建物のデザイン上の見地から、軒の出を大きくした建物は少なくなっています。

　大きな軒は、日除けと雨仕舞の効果はありますが、強風時には大きな吹上げ力を受けやすいという欠点もあります。

　垂木には、屋根重量、雪の荷重、風圧力（吹下ろしと吹上げ）が作用します。特に、2方向からはね出す出隅部分は、大きな吹上げ力を受けます。

小屋組

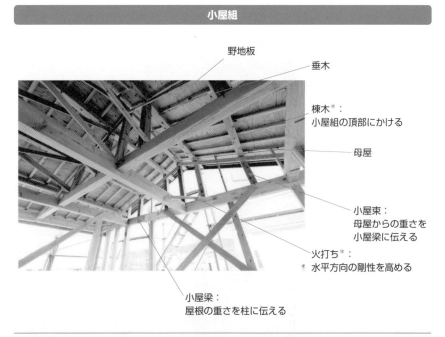

野地板

垂木

棟木*：
小屋組の頂部にかける

母屋

小屋束：
母屋からの重さを
小屋梁に伝える

火打ち*：
水平方向の剛性を高める

小屋梁：
屋根の重さを柱に伝える

＊**棟木**　一番高い場所にある母屋で、屋根の頂部を支える横架材のことです。棟上げ（むねあげ）という語は、この棟木を取り付けることで家の外形ができあがることから来ています。

＊**火打ち**　火打ち（火打梁）は、床面や小屋面の隅角部に45°の角度で架け渡した梁のことです。水平構面のゆがみを防ぐため、4m間隔を目安に配置します。

耐力壁

地震や強風などの水平力に抵抗する壁のことを**耐力壁**といいます。軸組だけでは水平力に抵抗できないため、耐力壁を設けます。

耐力壁には、**筋かい耐力壁**と**面材耐力壁**があります。

①筋かい耐力壁

筋かいは、軸組の対角をつなぐように設ける部材です。筋かいを片掛けにした壁に水平力が作用すると、筋かいには引張力または圧縮力が生じます。1組の軸組に対して2本交差するように設けるものを「**たすき掛け**」といいます。

引張力を受ける引張筋かいは、対角線が伸びる方向にあるので、釘打ち程度ではすぐ抜けてしまうため、専用の金物で接合部を補強します。

②面材耐力壁

「構造用合板や石膏ボードなどの面材を、横架材と柱・間柱に釘留めした壁」のことを面材耐力壁といいます。この耐力壁の耐力は、面材自体のかたさと、面材を留め付ける釘の径や間隔で決まります。

●耐力壁の必要壁量

木造軸組工法では、**壁量計算**という方法で、建物の構造強度の検証を行っています。「建物にかかる地震力・風圧力に対抗するために必要な壁量」よりも「実際に存在する壁量」のほうが多くなっていることを確認し、安全を確保するのが壁量計算です。

地震力に対しては、建物の階数と重さによって定められている係数を床面積に乗じて、建物平面のX・Y方向の必要壁量を算出します。1階建てよりも2階建てのほうが、そして2階よりも1階のほうが、多くの壁量が必要です。そして、軽い屋根よりも重い屋根の建物のほうが、多くの壁量が必要となります。建物上部が重たい場合は、同じ震度でも揺れやすくなるためです。瓦葺きなどの重い建物と、スレート葺きや金属板葺きなどの軽い建物とに分けて、必要壁量が規定されています。

風圧力に対しても、各階の床面より1.35mの高さから上の見付け面積（垂直方向の面積）に、定められた係数を乗じて、建物のX・Y方向の必要壁量を算出します。

地震力と風圧力に対して、それぞれ算出した必要壁量のうち、条件の厳しい方が建物の必要壁量となります。実際に存在する壁量（存在壁量）は、個々の耐力壁の**壁倍率**とその長さの掛け算で算出されます。各階のX・Y方向について、必要壁量よりも存在壁量のほうが大きいときに、安全だと判断されます。

建築基準法では、まれに起こる地震に対しては損傷せず、ごく稀に起こる大地震に対しては、損壊はしても倒壊せず逃げ出せるように、耐震基準が定められています。

存在壁量の求め方

存在壁量 ＝ （壁長さ×壁倍率）の合計

仕様	筋かい耐力壁				面材耐力壁	
	断面:30×90mm		断面:45×90mm		構造用合板 7.5mm	
	片筋かい	たすき掛け	片筋かい	たすき掛け	片面	両面
壁倍率	1.5	3.0	2.0	4.0	2.5	5.0
形状						

出典：住宅サポート建築研究所 ホームページ

耐力壁の必要壁量

地震力に対する必要壁量 = 各階の床面積×地震係数

地震係数（cm/㎡）					
軽い屋根（金属板・石綿スレートなど）			重い屋根（日本瓦・洋瓦など）		
平屋	2階建て	3階建て	平屋	2階建て	3階建て
11	15 29	18 34 46	15	21 33	24 39 50

風圧力に対する必要壁量 = 各階の外壁見付け面積×風圧係数

風圧係数（cm/㎡）	
風の強い地域	一般地域
0〜75の範囲で、特定行政庁*にて定められている。	50

面材耐力壁の施工

　面材を釘打ち機で留める場合は、機器の圧力を調整して、釘頭（ていとう）が面材に食い込まないようにします。食い込みが大きいと残りの厚みが薄くなり、所定の効果を発揮できないためです。また、面材の外周から釘までの端あき距離を確保することも必要です。端の近くに釘を打つと、そこから割れることがあります。

▲釘頭の食い込み

＊**特定行政庁**　建築主事を置く地方公共団体の長のことで、建築確認や違法建築に対する是正命令を行う行政機関です。

●耐力壁の配置

　耐力壁は、建物にねじれが生じないよう、バランスよく配置することが大切です。建物の南側にはリビングを設けることが多く、大きな窓をたくさんつけたくなります。一方、北側には台所や洗面所、風呂場などを設けて、小さな窓をつけることが多くなります。大きな窓があると耐力壁を設けることができないため、南側と北側で耐力壁の配置のバランスが悪くなりがちです。

　このような建物に水平力が作用すると、耐力壁が多くある側は抵抗できるものの、少ない側は抵抗できず、ねじれるような力が建物に働いてしまうのです。建物の重心（平面の中心）と、かたさの中心である剛心とが、できるだけ近付いているバランスのよい状態にすることが大切です。

　阪神淡路大震災をきっかけに、建物のX・Y方向だけでなく、建物の4方向すべてからの耐力壁の配置バランスを検討し、地震時の建物のねじれに対しても強くなるよう、建築基準法が改正されています。

▶▶ 接合部の補強

　接合部は、部材が負担した力を他方の部材に伝達する、という重要な役割を持っています。そのため、仕口や継手が地震などの揺れで外れないよう、金物で補強します。補強のための金物には次のものがあります。

①ホールダウン金物
　柱と基礎を緊結したり、1・2階の柱をつなぐ金物です。
②山形プレート
　土台と柱、梁と柱をつなぐ金物です。
③羽子板ボルト
　梁と梁をつなぐ金物です。
④筋かいプレート
　筋かいが外れないように、柱や梁・土台とつなぐ金物です。

耐力壁にかかる力と外れそうな部分

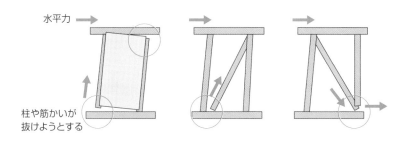

水平力

柱や筋かいが
抜けようとする

補強金物（1）

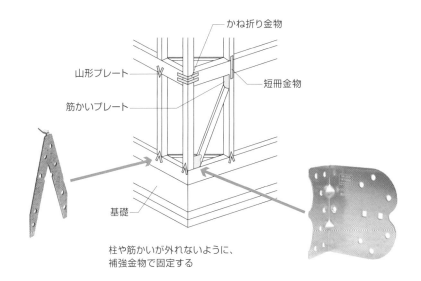

かね折り金物

山形プレート

短冊金物

筋かいプレート

基礎

柱や筋かいが外れないように、
補強金物で固定する

補強金物（2）

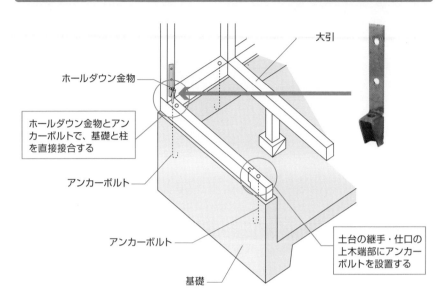

大引

ホールダウン金物

ホールダウン金物とアンカーボルトで、基礎と柱を直接接合する

アンカーボルト

アンカーボルト

基礎

土台の継手・仕口の上木端部にアンカーボルトを設置する

▲ホールダウン金物と筋かいプレート

▲筋かいプレート

▲ホールダウン金物

ホールダウン金物と筋かいプレート ▶

補強金物（3）

羽子板ボルト

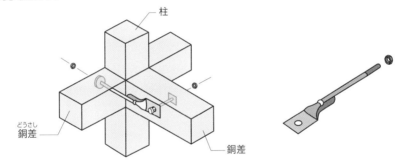

柱

どうさし
胴差

胴差

▶▶ 建物に作用する力

　建物に作用する力は、鉛直方向と水平方向に分けられます。鉛直方向の力には、建物の自重、積載荷重、雪などがあります。風圧力と地震力は鉛直方向にも作用しますが、水平力として扱います。

　構造設計では、自重、積載荷重のように常時かかる荷重を**長期荷重**、ある時期にだけかかる荷重を**短期荷重**と呼びます。

　建物にかかる力は、上から下へ、断面の小さい部材から大きい部材へと伝わっていきます。

3-4

木造枠組壁工法（2×4工法）

枠組壁工法は、北米から伝えられた外来の工法です。

▶▶ 木造枠組壁工法の特徴

　木造枠組壁工法は、一般に**2×4（ツーバイフォー）工法**と呼ばれています。2×4インチの木材を枠組にして構造用合板を接合し、壁と床をつくって、全体の構造とします。梁や柱がなく、壁と床を一体化して剛性の高い構造をつくります。建物にかかる荷重を壁全体に分散して伝えるため、耐震性に優れています。

　枠材に構造用合板を釘打ちしたパネルを箱のように組み立てるため、気密性にも優れています。使用する枠材には、断面2×4（インチ）のものだけでなく、2×6、2×8、2×10などのものもあります。

　接合部は、基本的に釘と金物で留め付けます。日本に工法が持ち込まれる際に、建築基準法を満たすように仕様が決められたため、床や壁、屋根など、各部位で使用する部材の寸法と間隔などが細かく規定されています。そのため、木造軸組工法に比べて、耐力壁の配置の自由度が少なくなっています。

ツーバイフォー材

木造枠組壁工法の住宅の構造

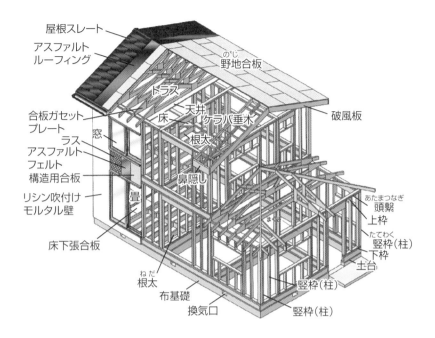

- 屋根スレート
- アスファルトルーフィング
- 野地合板
- トラス
- 合板ガセットプレート
- 窓
- ラス
- アスファルトフェルト
- 構造用合板
- リシン吹付けモルタル壁
- 畳
- 床下張合板
- 根太
- 布基礎
- 換気口
- 床
- 天井
- ケラバ垂木
- 根太
- 鼻隠し
- 破風板
- あたまつなぎ 頭繋
- 上枠
- たてわく 竪枠（柱）
- 下枠
- 土台
- 竪枠（柱）
- 竪枠（柱）

出典：（一社）日本建築学会『建築設計資料集成X 技術』p.65 図「在来木造住宅」

木造枠組壁工法で建築中の住宅

MEMO

第**4**章

外装にかかわる
建物の主要構造

　本章では、木造軸組工法住宅において、外装の劣化に影響する主要構造について解説します。地盤や構造が原因となって外装の劣化が生じることも少なくありません。

基礎の種類と構造

基礎は、建物を支えるとともにその重さを地盤に伝えます。基礎は建物にとって非常に重要です。基礎に不良があると、建物が傾くなどの問題が生じます。そして、建物が傾けば、外壁や屋根が損傷を受けることもあります。また、基礎の欠陥は補修が困難で、膨大な費用を要することも少なくありません。

▶▶ 地盤調査

2000年の建築基準法改正以降、住宅を建てる前に地盤の調査をすることが一般的になりました。地盤の強さは、「1㎡当たりの地盤が耐える荷重」である地耐力で表します。木造住宅の地盤調査の方法としては、**スクリューウエイト貫入試験**や**ボーリング調査**が一般的です。

スクリューウエイト貫入試験では、地盤に大きなドリルの刃をねじ込んで強さを測ります。スウェーデンで開発されたものであるため、我が国では「**スウェーデン式サウンディング試験**」と呼んでいましたが、2020年のJIS改正で改称されました。

スクリューウエイト貫入試験の手順

①ロッド（鉄製の棒）の先端に大きなドリルの刃のようなスクリューポイントを取り付け、それを地面に垂直に突き立てる。
②ロッドに規定のおもりを段階的に載せていき、1枚載せるたびに、ロッドが沈み込むかどうかを観察し、記録する。
③ロッドの沈み込みがなく静止したら、ハンドルを回転させ、先端のスリューポイントで土を掘進しながら強制的にロッドを貫入させ、25cm貫入させるのにハンドルを何回転させたかを記録する。
④おもりの受け皿となるクランプが地面に着いて、それ以上、貫入させることができなくなったら、ロッドを継ぎ足して作業を繰り返す。

スクリューウエイト貫入試験の試験装置（手動式の例）

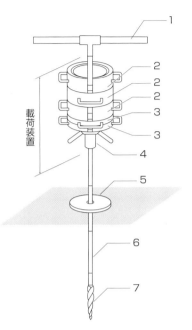

記号説明
1：ハンドル（回転装置）
2：おもり（0.25kN）
3：おもり（0.10kN）
4：クランプ（0.05kN）
5：底板
6：ロッドφ19mm
7：スクリューポイント

スクリューポイント

単位：mm

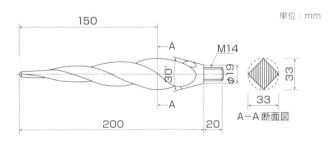

出典：JIS A 1221：スクリューウエイト貫入試験方法より

▶▶ 基礎の種類

　基礎には**布基礎**、**ベタ基礎**、**杭基礎**などがあり、地盤調査の結果に応じて選定されます。

　布基礎は、土台を支えるように壁の位置に設けられる基礎です。強い地盤に対して用いられますが、**不同沈下**＊に弱い、湿気が上がりやすいなどの欠点があります。

　ベタ基礎は、床下全面に底盤を設けます。布基礎とは違って面で建物を支えるので、不同沈下に強いという特徴があります。ベタ基礎は一体の鉄筋コンクリート造とし、1階の外周および間仕切壁の直下の土台の下には、連続した立ち上がり部を設けます。地盤面からの立ち上がりは400mm以上とし、立ち上がり部分の厚さ、基礎スラブ（底面）の厚さは120mm以上とします。

　杭基礎は、基礎の下部に固い地盤まで届く杭を打ち、杭を通して建物の荷重を地盤に伝えます。地盤が非常に軟弱な場合などに採用されます。

　近年は、地耐力が30KN/m²以上の強い地盤であっても、安全のためベタ基礎が採用されることが多くなっています。

基礎の種類と特徴

布基礎		逆T字型で、壁面に沿って設ける基礎。工事費が安いが、不同沈下に対して弱い。地耐力が30kN/m²の強い地盤に用いる。
ベタ基礎		床下全面がコンクリートで、基礎全体で地盤に力を伝える。不同沈下に対しても構造的に強い。超軟弱地盤では、自重で沈下する可能性がある。地耐力が20kN/m²以上の地盤に用いる。
杭基礎		地盤が軟弱な場合、支持地盤まで杭を打ち、建物の基礎を支える。

＊**不同沈下**　敷地内に軟弱な地盤と固い地盤が混在している場合に、軟弱な部分が沈下することで建物が傾く現象です。傾斜地を切り盛りして造成した敷地では、地盤が安定するまでにかなりの時間を要します。地盤が安定する前に建物を建設すると、盛土の部分が沈下して不同沈下を起こすことがあります。

基礎の断面形状

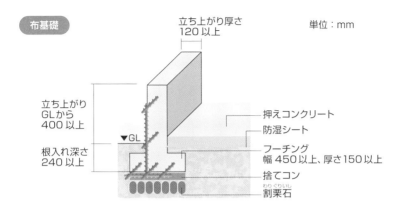

布基礎

単位：mm

立ち上がり厚さ
120以上

立ち上がり
GLから
400以上

▼GL

根入れ深さ
240以上

押えコンクリート

防湿シート

フーチング
幅450以上、厚さ150以上

捨てコン

割栗石

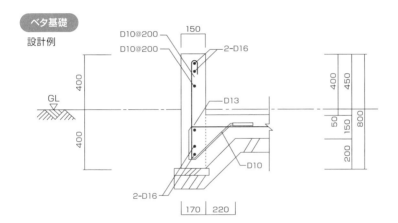

ベタ基礎

設計例

D10@200
D10@200

150

2-D16

400

GL

D13

400

D10

2-D16

170 | 220

400 | 450

50 | 150 | 800

200

▲基礎の配筋（ベタ基礎）

	地盤の地耐力（長期許容応力度）		
基礎の構造	20kN/m²未満	20kN/m²以上 30kN/m²未満	30kN/m²以上
杭基礎	○	○	○
ベタ基礎	×	○	○
布基礎	×	×	○

地盤の地耐力と基礎

▶▶ 注意が必要な地盤

　地盤が軟弱な場合は改良・補強工事を行います。地盤の改良・補強工事には３つの代表的な工事があります。軟弱な地盤が地下2mくらいと浅い場合は**表層地盤改良工法**が用いられ、軟弱地盤が地下8mくらいの深さまで分布している場合は**柱状地盤改良工法**が用いられます。**小口径鋼管杭工法**は、小口径鋼管を固い地盤まで貫入させて建物を支える工法です。軟弱層が10m程度と比較的深い場合に用います。施工時に掘削土や泥水が発生せず、環境への負担が少なく安定した品質を確保できます。

　2000年以前の建物は、地盤調査が行われず、地盤に適した強さの基礎が施工されていない可能性があるため、建物診断時に注意が必要です。

　特に次のような地盤には注意が必要です。

①造成地
　切土と盛土が混在している**造成地**は、不同沈下となりやすい地盤です。

②埋立地
　埋立地は、盛土の沈下が進行中という恐れがあります。

③壁のある造成地
　擁壁に近接して建物を建てると、擁壁に大きな力がかかり、不同沈下となる場合があります。

④軟弱地盤

やわらかい粘土やゆるい砂から構成され、強度が弱い地盤が**軟弱地盤**です。地震時には、揺れが増幅されて大きくなったり、**液状化現象**※などの被害が発生しやすくなります。安全性を高めるための地盤改良工事が必要です。

これらのほかに、軟弱層が厚い地盤や、地層構成が不均一な地盤にも注意します。

盛土・切土

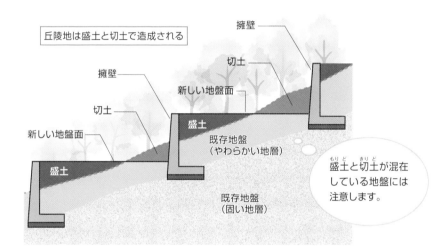

丘陵地は盛土と切土で造成される

擁壁

切土

擁壁

新しい地盤面

切土

盛土

新しい地盤面

既存地盤
（やわらかい地層）

盛土

既存地盤
（固い地層）

盛土と切土が混在している地盤には注意します。

不同沈下の影響

建物の建具が閉まらなくなったり、壁や基礎にひびが入ったりしている場合、不同沈下が原因である可能性もあるので、建物の傾きの有無を調べることも必要となります。

※**液状化現象** 地盤が液状化すると、土中の水が噴出して地盤が沈下し、建物が大きく傾きます。

4-2

外壁の構造

建物を支える構造体である**外壁**は、建物を外部環境から守る役割も担います。

▶▶ 外壁の構造

　木造軸組工法では、外まわりの柱をもとにして外壁をつくります。一般的な外壁の基本構成として、外側は、柱の外に防水紙を張ってその外に外壁材を取り付けます。内側は、柱間に断熱材を取り付けて、その上に内装の石膏ボードを取り付けます。そして石膏ボードの上に仕上げとなるクロスやボードを張り付けます。耐力壁として合板を用いる場合は、柱と外側の防水紙の間に合板を施工します。

▶▶ 外壁通気構法

　外壁通気構法とは、外壁材の裏側に通気層を設けることで湿気を放出させる方法です。壁体内の結露を防止して建物の耐久性を向上させます。構造としては、柱の外側に透湿防水シートを張り、胴縁を取り付けて通気層を設け、その上に外壁を取り付けます。

　室内から浸透する水蒸気が防水紙や外壁の裏面で止まってしまうと、結露となって木材を劣化させます。そこで、水蒸気を通す透湿防水シートを用いることで、水蒸気を通気層に誘導して排出します。外壁から浸入する雨水は、通気層を通して排出させます。壁体内の湿気を排出することにより、壁体内部の結露を防止できます。胴縁の代わりに通気金具で通気層を確保する場合もあります。通気構法にすることで遮熱効果も得られます。

COLUMN

直張り工法
（じかばり）

　通気層を設けずに外壁を施工する方法です。壁体内の湿気が防水紙の裏面で結露します。木材の劣化を早めるだけでなく、水分が窯業サイディングの裏面からも吸収され、窯業サイディングの含水率が高くなり、反り、あばれ、凍害など、窯業サイディングの劣化も早くなります。含水率の高い状態で窯業サイディングの再塗装を行うと、塗装後に塗膜の剥離や膨れが発生することもあります。

外壁通気構法の構成と効果

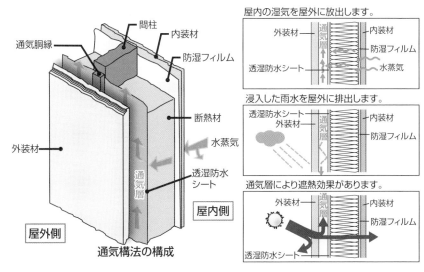

出典：（一社）日本窯業外装材協会のホームページより

外壁通気の流れ

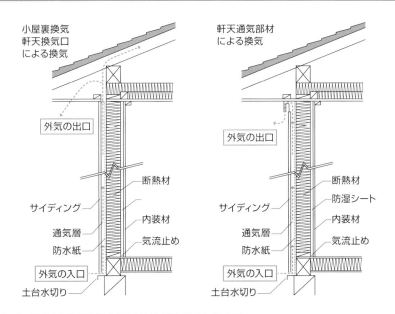

出典：（一社）日本窯業外装材協会「不具合はなぜ起こるのか 第4版」

▶▶ 外壁通気構法の確認

通気層を流れる外気は、外壁の下端と水切りの間から取り入れられ、湿気を含んだ空気が軒天部や小屋裏から排出されます。通気層の空気の流れは、温度差と気圧差を利用して作り出されます。通気層は空気が流れるように15mm以上確保します。通気構法になっているかどうかは、空気の通り道が確保されているかどうかによって確認することができます。

「土台水切りと窯業サイディング下端部の隙間が10～15mm確保されていない」、「軒天通気部材や軒天換気口、屋根の棟換気がない」という場合は、外壁通気構法になっていないと判断します。

2009（平成21）年10月以降は、住宅瑕疵担保履行法の設計基準において、乾式外壁材は外壁通気構法での施工が規定されています。最近では、**モルタル**外壁の場合も通気構法が用いられることが多くなっています。

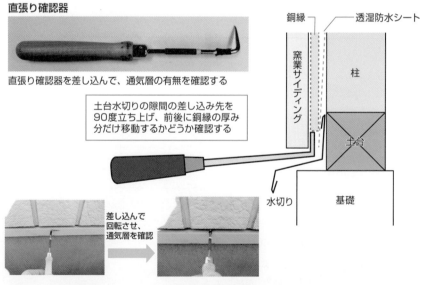

直張り確認器での通気層の確認

直張り確認器

直張り確認器を差し込んで、通気層の有無を確認する

土台水切りの隙間の差し込み先を90度立ち上げ、前後に胴縁の厚み分だけ移動するかどうか確認する

差し込んで回転させ、通気層を確認

胴縁　透湿防水シート

窯業サイディング　柱

土台

水切り　基礎

出典：（一社）木造住宅塗装リフォーム協会、古畑秀幸より作成

▶▶ 断熱の方法

木造住宅の断熱には断熱材を使用します。断熱材の用い方により、**充填断熱**と**外張り断熱**という2つの方法があります。

● 断熱材

断熱材は、空気を固定することで熱を伝わりにくくしている材料です。建物全体を断熱材で包むことで、快適な室内空間を実現することができます。

断熱材には、繊維の間に空気を固定する**繊維系断熱材**と、独立した気泡に空気やガスを閉じ込める**発泡プラスチック系断熱材**があります。

繊維系断熱材で主に使われるのが、**グラスウール**や**ロックウール**などの**無機質繊維系断熱材**です。これらは、「圧縮梱包して運べるので、ボード状の発泡プラスチック系断熱材に比べてかさばらない」、「柔らかいために、壁の中に筋かいなどがあっても施工しやすい」といった利点があります。火やシロアリに強く、吸音性にも優れますが、施工時にチクチクすることがあります。雨などの水分を含むと水が抜けにくく断熱性能が低下するため、施工中に雨に濡れないようにします。

断熱材の種類

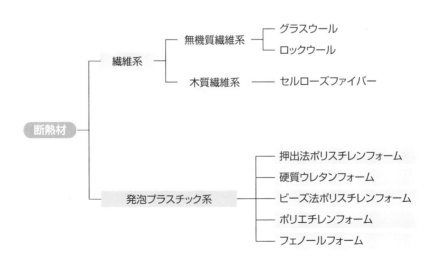

　住宅の屋根・天井や壁に使用される断熱材のシェアは、グラスウールが４割、ロックウールが１割と繊維系が５割を占めています。一方、床に使用される断熱材は、ポリスチレンフォームやポリエチレンなどの発泡プラスチック系が約７割、繊維系が約２割と逆転しています。床下に施工する場合は、垂れ下がりが心配されるために、ボード状の発泡プラスチック系断熱材の利用が多くなっているのです。

●充填断熱と外張り断熱

　断熱の方法には、充填断熱と外張り断熱があります。充填断熱は柱と柱の間の空間に断熱材をはめ込む方式、外張り断熱は柱の外側を断熱材で包む方式です。

　無機質繊維系の断熱材は主に充填断熱工法に用いられ、発泡プラスチック系断熱材は充填断熱工法と外張り断熱工法の両方に用いられています。

　かつては壁の９割、床の５割を繊維系断熱材が占めていましたが、外張り断熱工法の普及など断熱工法の変化により、発泡プラスチック系がシェアを伸ばしています。近年は運搬時にかさばらない現場発泡系の断熱材も多く使われています。

充填断熱工法と外張り断熱工法

充填断熱工法／屋根裏は断熱されないケースがある／柱と柱の間に断熱材を挿入／屋外／屋内／断熱材

外張り断熱工法／屋根裏も断熱材で包み込むケースが多い／建物躯体の外側に断熱層を形成／屋外／屋内

充填断熱工法（通気構法）

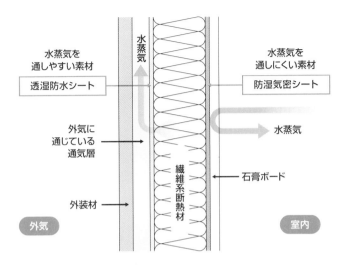

出典：環境省「省エネルギー住宅ファクトシート」

外張り断熱工法（通気構法）

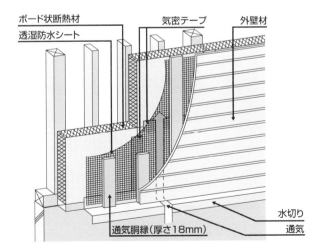

出典：環境省「省エネルギー住宅ファクトシート」

▶▶ 窓（サッシとガラス）

　窓は、壁に比べて断熱性能が低い部分です。外壁と比べて、窓の断熱性能は大きく劣ります。単板ガラス窓の住宅では、冬に室内から外へ逃げ出す熱量の48％が窓から、夏に外から室内に入り込んでくる熱量の71％が窓から、となっています。

●窓の構成

　窓は、**サッシ**と**ガラス**から構成されます。サッシとは、窓枠として用いる建材のことです。サッシの素材として、従来はアルミが多く使われてきました。軽くて加工しやすいため、ガラスをはめる断面構造がつくりやすく、気密性を高めるのに適していたからです。しかし、**アルミサッシ**は熱を伝えやすいため、近年は、熱を伝えにくい素材や構造を使った**断熱サッシ**が急速に普及しています。樹脂で断熱性を高めた**アルミ樹脂複合サッシ**や、内部に樹脂を挟み込んで熱を伝わりにくくした**アルミ断熱サッシ**などです。**樹脂サッシ**や**木製サッシ**もあります。窓の断熱性能はいくつかのグレードに分けられ、等級で示されるようになっています。

●ガラス

　窓の断熱性能は壁の1〜2割程度であるため、冬季には、ガラスの表面に結露の発生が見られます。

　複層ガラス＊は、2枚のガラスの間に空気を閉じ込めて断熱性能を高めたガラスです。単板ガラスの約2倍の断熱性能を持ち、窓から出入りする熱のロスを抑えます。ガラスの表面結露の発生も防ぎます。

　複層ガラスには、日射熱を防ぐために金属膜を表面にコーティングした**Low-E複層ガラス**と呼ばれるタイプもあります。ここ10年ほどで使用が急増しています。

　そのほかに、ガラスの間に空気より断熱性能が高いアルゴンガスを閉じ込めた**アルゴンガス封入複層ガラス**、2枚のガラスの間を真空にした**真空ガラス**、ガラスを3枚にした**トリプルガラス**なども登場しています。

＊**複層ガラス**　ペアガラスともいいます。

窓の取り付け例

外付け

半外付け

内付け

COLUMN

窓の取り付け方法

　木造での窓の取り付け方法（納まり）としては、枠の一部が取り付け開口内にかかる半外付け、および枠の大部分が取り付け開口の外に持ち出しとなる外付けが使われます。内付けは、デザイン的には特徴があるものの、雨仕舞がよくないため、一般の住宅にはあまり使われません。

複層ガラスとLow-E複層ガラス

複層ガラス

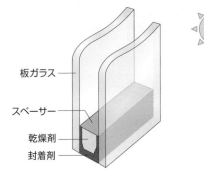

板ガラス
スペーサー
乾燥剤
封着剤

Low-E 複層ガラス

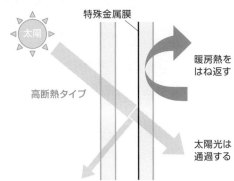

太陽
特殊金属膜
高断熱タイプ
暖房熱を
はね返す
太陽光は
通過する

Low-E は Low-Emissivity の略で、低放射（放射による熱の透過を遮断）を意味します。短波長の太陽光は透過させ、長波長の暖房熱は反射します。

●窓の形状と防水

　窓の形状には、引き違い、はめ殺し（FIX）、片開き、両開き（観音開き）、上げ下げ、突き出し、内倒し、滑り出しなどの開閉形式があります。窓の多くは開閉が可能なため、完全な密閉は困難です。風圧が高い状況になると、サッシ自体から雨水が浸入する可能性もあります。特に**ルーバー窓**は、風圧力のかかるところに取り付けるのは避けます。

COLUMN 桁行方向、梁間方向

建物の長辺方向を**桁行方向（けたゆき）**、短辺方向を**梁間方向（はりま）**と呼びます。

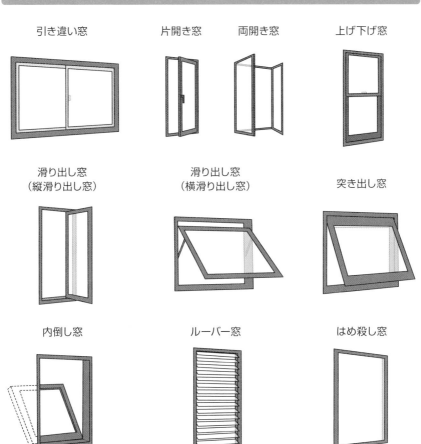

窓の種類

引き違い窓

片開き窓

両開き窓

上げ下げ窓

滑り出し窓
（縦滑り出し窓）

滑り出し窓
（横滑り出し窓）

突き出し窓

内倒し窓

ルーバー窓

はめ殺し窓

第4章　外装にかかわる建物の主要構造

　窓の取り付けの際は、窓枠の下側に先張り防水シートを施した上で、サッシのツバを壁下地に取り付け、両面テープで防水紙と密着させます。その後、外壁を仕上げて窓まわりをシーリングします。モルタル仕上げの場合は、窓枠までモルタルを密着させます。経年で、窓まわりのシーリングが劣化したり、モルタルと窓枠の間に隙間ができたりして、窓まわりから雨水が浸入するようになることがあります。そのため、サッシと下地の取り合い部分の防水処理をしっかり行うことが大切です。

窓の防水

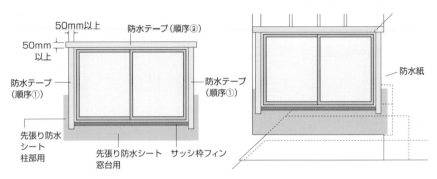

50mm以上
50mm以上
防水テープ（順序②）
防水テープ（順序①）
防水テープ（順序①）
防水紙
先張り防水
シート
柱部用
先張り防水シート
窓台用
サッシ枠フィン

出典：（一社）日本窯業外装材協会：不具合はなぜ起こるのか

開口部の雨水対策として、軒を深く（長く）出すことも効果があります。軒の出が深いと、壁や窓に雨がかかりにくくなるからです。日射をさえぎるため、壁の劣化を防ぐ効果もあります。防水の考え方はドアも同じです。

軒の出と壁への影響

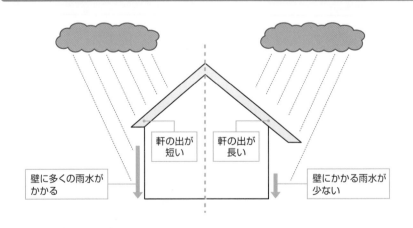

軒の出が
短い
軒の出が
長い
壁に多くの雨水が
かかる
壁にかかる雨水が
少ない

4-3

屋根の構造

　　屋根の裏側はふだん目にすることのない部分ですが、風雨や日射に常にさらされている屋根を支えています。屋根の構造を知っておくと、雨漏りの可能性や原因を理解することができます。ここでは、屋根の構造と屋根の形について解説します。

▶▶ 屋根の構造

　　屋根を支えているのは**小屋組**です。梁の上に小屋束を立て、その上に母屋を載せ、さらにその上に垂木を載せて、**野地板**を釘打ちしてつくります。野地板の上には、防水のための下葺き材としてアスファルトルーフィングを張ります。その上に屋根材を施工します。

　　野地板は小屋組の剛性を高める効果があり、耐力壁や剛床などと同様に構造上重要な部分です。野地板として一般的に用いられるのは12mmの構造用合板です。下地である垂木に対して周辺部100mm間隔、中央部200mm間隔で釘留めします。

屋根の構造

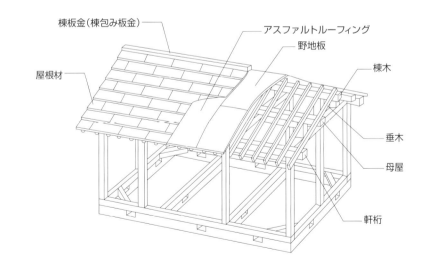

棟板金（棟包み板金）

アスファルトルーフィング

野地板

屋根材

棟木

垂木

母屋

軒桁

▶▶ 屋根の形状

　日本建築は、軒を深く出すことに特徴があります。深い軒が雨や日差しをさえぎり、壁や建物本体を保護しています。近年、敷地の制約や建物のデザインの関係から、軒の浅い建物も増えてきましたが、軒の深さによって建物の劣化への影響が大きく変わります。屋根の形状や軒の出寸法に注意が必要です。

　屋根の形状には次のようにいろいろな種類があります。

①切妻

勾配屋根の基本であり、中心の棟から両側に屋根が流れるシンプルな形です。

短辺の外壁面を**妻面**といい、妻側のはね出し部分を**ケラバ**といいます。

②寄棟

軒先が水平で、それぞれの軒先から中央に屋根が登っていく形状です。妻側にも勾配がついている屋根形状となります。妻面に屋根がかかっているため、切妻屋根よりも雨仕舞がよくなります。

③片流れ

一方向だけの勾配を持つ屋根です。ロフトを設ける場合などに適しています。

現在の木造住宅の多くは切妻や寄棟で、片流れはほとんど見られません。

④入母屋

寄棟の上部が切妻になっている複合的な形状です。伝統的な住宅に多く見られます。

⑤方形

平面形状が正方形の寄棟屋根です。頂部に部材が集中します。

⑥陸屋根

フラットな屋根です。屋上を利用できますが、水が流れにくいため防水をしっかりと行う必要があります。「りくやね」とも読みます。

屋根の形状と特徴

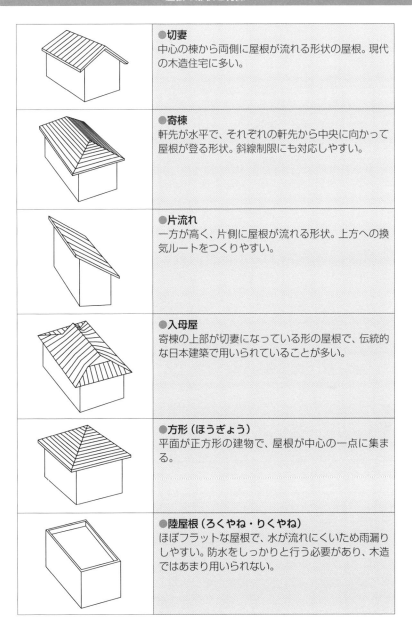

●切妻
中心の棟から両側に屋根が流れる形状の屋根。現代の木造住宅に多い。

●寄棟
軒先が水平で、それぞれの軒先から中央に向かって屋根が登る形状。斜線制限にも対応しやすい。

●片流れ
一方が高く、片側に屋根が流れる形状。上方への換気ルートをつくりやすい。

●入母屋
寄棟の上部が切妻になっている形の屋根で、伝統的な日本建築で用いられていることが多い。

●方形（ほうぎょう）
平面が正方形の建物で、屋根が中心の一点に集まる。

●陸屋根（ろくやね・りくやね）
ほぼフラットな屋根で、水が流れにくいため雨漏りしやすい。防水をしっかりと行う必要があり、木造ではあまり用いられない。

▶▶ 屋根の防水

　屋根の形状は、シンプルなもののほうが防水上は有利です。棟や谷が多く屋根の形状が複雑だと、施工が難しく雨漏りの原因になります。

　また、**屋根勾配**も重要です。屋根材の種類によって、必要な勾配が異なります。瓦屋根で4寸勾配以上、化粧スレートや金属板で3寸以上、金属板の瓦棒葺きで1寸以上が必要です。屋根材の種類と施工方法により、隙間のあき具合が異なるためです。例えば瓦は、厚く曲線的な形のものをずらして積み重ねているだけであり、重ね代も短いため、隙間から雨水が浸入しやすくなります。そのため、大きな勾配が必要です。

　屋根材の種類だけでなく、屋根全体の大きさにも配慮が必要です。屋根が大きくなると、軒先部分に流れる雨水の量が増えるため、勾配を大きめにとります。

　ケラバ部分では雨水の吹上げにも注意します。

　屋根材は滑り台のように雨水を流すことが役割で、雨水の浸入を完全に防ぐことはできません。屋根材の下にあって、屋根材の隙間などから浸入してくる雨水から家を守るのは、**ルーフィング**の役目です。ルーフィングがあることで、野地板などの木材に雨水が吸収されるのを防ぎ、雨漏りを防止します。

　ルーフィングの1つである**アスファルトルーフィング**は、有機天然繊維を主原料としたフェルト状の原紙にアスファルトを浸透・被覆し、その両面に鉱物質の粉末を付着させたものです。主にアスファルト防水や屋根などに用いられる防水・防湿材料です。

●ルーフィングの施工

　ルーフィングは重ね代が確保されているかどうかが非常に重要です。多くの製品には重ね寸法が印刷されているので、その寸法が守られていることを確認します。

　一般的には縦の重ね代は100mm以上、横の重ね代は200mm以上、ケラバ部分の重ね代は500mm以上が必要です。外壁と取り合うルーフィングの場合は、外壁に250mm以上を立ち上げる必要があります。立ち上げた端部は外壁側の防水シートと連続させ、防水テープでしっかりと留めます。

●雨漏りしやすい場所

　壁面との取り合い、谷、トップライト、煙突、屋根窓まわりは、雨漏りが生じやすい場所です。こうした場所では、通常、二重に捨て張りを行います。谷部では幅1000mm以上を全長にわたって捨て張りします。

屋根の大きさと流れる雨水の量

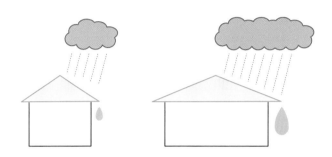

屋根が大きいと多くの雨を受け、屋根を流れる雨水の量が多くなります。

COLUMN　屋根の勾配

　屋根勾配は、水平10寸（＝1尺）に対して高さが何寸になるかで示します。

構造の材料

　構造材には、金属、木材、コンクリート、そしてレンガや樹脂などが用いられます。ここでは、住宅の主要な構造材料である木材、鋼材、コンクリートについて解説します。いずれも、特性を生かして使用することが大切です。

▶▶ 木材と合板

　木材は**針葉樹**と**広葉樹**に大別されます。

　針葉樹は、木の繊維が真っすな上に比較的軽量でもあるので加工しやすく、柱や梁などの構造材や家具・建具をつくる造作材にも用いられます。主な樹種は、スギ、ヒノキ、ツガなどです。広葉樹は**堅木**（かたぎ）ともいわれます。主な樹種にはケヤキやクリなどがあります。

　また、木材には中心部の**心材**と外側の**辺材**があります。辺材部は栄養分や水分が豊富なため、シロアリや腐朽菌の被害を受けやすいのですが、心材部は腐朽菌や虫害に強い性質を持っています。そのため、建物の土台や水回りなどでは、ヒバやヒノキなどの心材を用います。

心材と辺材

　建物の主要構造部分に使用される木材には、日本農林規格（JAS）で**目視等級区分**と**機械等級区分**が定められています。目視等級区分は、節（ふし）、丸身（まるみ）などの欠点を目視により等級分けするものです。また機械等級区分は、**ヤング係数**＊を測定して、その値により等級分けを行うものです。等級はE50から20刻みでE150まであります。含水率表示も区分されています。

　住宅の構造材に使用される木材は、**無垢材**や**集成材**です。あとで乾燥が進んで収縮や変形が起きないようにするため無垢材では乾燥材を使用します。

　無垢材は木をそのまま用いるものです。

　集成材はひき板（ラミナ）を集成接着したもので、木質構造の耐力部材として柱・梁・桁などに使用されます。国土交通省告示に基づいて材料強度が定められています。安定した強度性能を持ち、スパン（柱の間隔）の広い建築物の建設も可能です。

　LVLは4㎜程度の厚さにスライスした木材を乾燥させて積層・圧着させたものです。

　木材の弱点は、腐朽、シロアリによる食害、狂い・割れ、**クリープ変形**＊などです。

第4章　外装にかかわる建物の主要構造

製材、集成材、LVLの比較図

製材（無垢材）　　集成材　　LVL（単板積層材）

```
              無垢材          集成材
          ┌─────┴─────┐        │
        乾燥材    生材      乾燥材
```

＊**ヤング係数**　材料の変形のしにくさを表している係数のことです。
＊**クリープ変形**　木材の梁に重さを加えるとたわみます。そして、「重さを加え続けていると、時間が経つに従ってたわみが徐々に増加していく」現象をクリープ変形といいます。

　合板は、単板を繊維方向が直交するように積層接着したパネルです。**普通合板**、**コンクリート用型枠合板**、**構造用合板**などがあります。木質構造物の構造耐力上主要な部分に使用されるのが構造用合板で、1級・2級の分類と特類・1類という区分がJASで定められています。

　構造用合板の厚みには多くの種類がありますが、壁下地には9mm以上、屋根下地となる野地板には12mm以上が用いられます。床下地には、かつては12mmが用いられていましたが、近年は24mmや28mmを用いることが増えています。野地板に24mmを用いることもあります。

合板の構成（5プライ合板の場合）

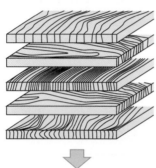

表板（フェース）

添え心板（クロスバンド）

心板（コアー）

添え心板（クロスバンド）

裏板（バック）

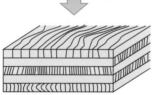

5プライ（層）合板の標準構成

▶▶ 鋼材

　鉄骨造の建物に使われるのが**鋼材**です。

　鋼材は、コンクリートや木材と比べて強度が高いという特徴があります。また、引張力に強く、ねばりがあるため変形時に多くのエネルギーを吸収します。しかし、熱や錆に弱いため、注意が必要です。木材と比べて加工しにくいため、工場で部材を製作して、建築現場で組み立てます。

　戸建住宅やアパートでは厚さ6mm未満の鉄骨を用いた**軽量鉄骨造**、マンションやビルでは厚さ6mm以上の鉄骨を使った**重量鉄骨造**となります。

　鉄骨系プレハブ住宅は、主要構造部を軽量鉄骨で構成した建物です。工場では鋼材加工ラインで切断や穴あけがなされ、防錆塗装も入念に行われています。

　鉄筋コンクリートに用いられる鉄筋も鋼材です。

建築中の鉄骨系プレハブ住宅

出典：（一社）プレハブ建築協会　https://www.purekyo.or.jp/about/prefab_building/structure/steel.html

▶▶ コンクリート

　コンクリートは、セメントと水と骨材から構成されます。骨材としては砂と砂利を使います。

　コンクリートには、自由な形のものがつくれる、耐火性がある、耐久性が高い、圧縮力に強いという特徴があります。一方で、引張力に弱いという性質を持っているため、鉄筋を入れた**鉄筋コンクリート**として用います。重たい、十分な強度が得られるまで時間かかる、といった特徴もあります。

　コンクリートの長所を生かすためには、材料を適正な比率で配合することが重要です。水と空気の量が少ないほど、強度と耐久性の高いコンクリートをつくることができます。水が多いと施工性はよくなりますが、乾燥収縮が大きくなり、耐久性も低下します。

　鉄筋コンクリートの性能を発揮させるためには、①鉄筋の定着長さと継手長さ、②鉄筋同士のあき、③かぶり厚さも重要です。

　定着長さとは鉄筋コンクリートから抜けないように埋め込む長さのことで、継手長さとは鉄筋を延長する場合の重ね合わせ部分の長さのことです。

　鉄筋同士のあきは、コンクリートが隙間なく鉄筋のまわりに入り込むために必要です。かぶり厚さとは鉄筋を覆っているコンクリートの厚さのことです。

　コンクリートはアルカリ性の物質であり、鉄筋を錆から守っていますが、空気中の炭酸ガスなどの影響で表面から徐々に中性化します。そして、中性化が内部まで進行すると鉄筋が錆びやすくなります。錆が進行すると、鉄筋が膨張してコンクリートのひび割れにつながることがあります。そういったことを防止するためにも、緻密なコンクリートにすることが大切です。

鉄筋の継手長さ

継手長さとは、鉄筋を
延長する場合の重ね合
わせ部分の長さのこと
です。これがないと力
が伝わりません。

かぶり厚さ

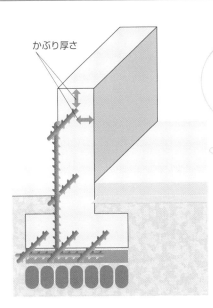

かぶり厚さ

かぶり厚さとは、鉄筋を覆っ
ているコンクリートの厚さの
ことです。表面に近いと鉄筋
の強さが発揮できず、錆やす
くもなります。

4-5

バルコニーの構造

バルコニーは、建物の外に張り出した形でつくられる、屋根のない比較的広いスペースです。洗濯物や布団を干すために使われることが多いですが、広さによってはアウトドアリビングとして使われることもあります。

▶▶ バルコニーの構造と防水

かつては、アルミの外付けバルコニーも多く使われていましたが、近年は建物のデザイン面から建物との一体型の造作バルコニーが多くなっています。

外付けのアルミバルコニーの場合、床面が防水構造になっていないため、雨水はそのまま下に流れます。一方、建物一体型の造作バルコニーは、直下に部屋がある場合や、庇の役割で軒がついているものがほとんどです。そのため、バルコニーにかかった雨水をためて排水する構造となっています。

バルコニーは、建物よりも外に出ていて、屋根のないものが一般的です。台風などの際は、風雨を直接受けます。また、洗濯物を干すのが主な目的であるため、陽当たりもよい場所にあります。したがって、バルコニーは外部環境による劣化が進みやすい部位になります。バルコニーの防水に対して、次のように十分な配慮が必要です。

・バルコニーの床には勾配をつける。

・床はFRP（p.62参照）で仕上げる。

・室内と出入りする掃き出し窓（下枠が床と同じ高さで引き戸式の窓）の下端には120mm以上の立ち上げを設ける。

・手すりや笠木（手すりの上端の部材）などが取り付く腰壁側の防水立ち上がりは25cm以上確保する。

・**オーバーフロー管***を掃き出し窓の下端より下に設ける。

・バルコニー手すりの外壁下地の透湿防水シートは、手すり壁の両側で立ち上げて手すりの天端で重ねる。

・さらにその上に透湿防水シートを重ね張りして、その上に笠木を取り付ける。

***オーバーフロー管**　排水管の詰まりや集中豪雨時には排水管だけでは雨水の処理が間に合わなくなる場合があります。その際に室内に水が入り込まないようにするための予備的な排水管です。

120

第**5**章

外装の塗装方法

　住宅の外装のメンテナンスで重要なのは、屋根や外壁など
の外装建材の美観と耐久性を維持していくことです。日本の
住宅の外装建材は、セメント系や金属製のものが多く使われ
ています。セメント系の建材は、いろいろな形に成形しやす
く耐火性にも優れていますが、吸水するため、表面の塗装で
防水性能を維持しています。また、金属製の建材も塗装で錆
を防いでいます。ここでは、外装の塗装方法について解説し
ます。

5-1

塗料と塗装

塗装は、紫外線や雨、ほこりなどの影響で、経年により劣化が進みます。塗装の劣化が進むと、美観が低下するだけでなく、防水機能や防錆機能も低下して、建材自体の劣化につながります。そこで外装建材のメンテナンスでは、定期的に**再塗装**を行い、外装建材の劣化の進行を抑えることが重要になります。

▶▶ 塗装によるメンテナンス

メンテナンス工事では張り替えや重ね張りを行うこともありますが、定期的な再塗装を行えば、外装建材の美観と機能を50～100年程度維持していくことは十分に可能です。

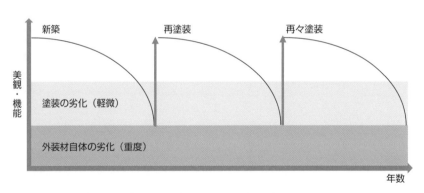

外装の塗装による美観・機能の回復

出典：（一社）日本窯業外装材協会「不具合はなぜ起こるのか」を参考に作成

▶▶ 塗料の特徴

　塗料の役割には、「塗装されているものを保護する」保護機能と、「塗装されている
ものを美しく見せる」美観機能があります。さらに、塗料には遮熱性や耐火性などの
機能を付加することもできます。

　塗装は年数が経過すると次第に劣化が進みます。このことを**経年劣化**といいま
す。塗装の経年劣化の要因は、主に「紫外線」「熱（太陽光の赤外線）」「水」の3つで
す。塗装された建材の経年劣化の程度は、塗料の性能だけでなく、使用されている
環境によっても大きな差が生じます。

　特に紫外線は、塗膜の劣化に与える影響が大きく、日照時間の長い場所は日陰の
時間が長い場所に比べて、劣化が生じるまでの期間が短くなります。

▶▶ 塗料の構成と種類

　塗料は、塗装後に塗膜として残る樹脂・顔料・添加剤と、揮発して塗膜には残ら
ない**溶剤**から構成されています。溶剤とは、ある物質を溶かす液体のことです。溶剤
には水などの**無機溶剤**とシンナーなどの**有機溶剤**＊があり、かつては有機溶剤系の
塗料が多く用いられていました。有機溶剤系の塗料は**耐久性**＊が高いのですが、環境
問題や塗装作業者の健康問題が課題となっていました。技術開発により**水性塗料**の
性能が向上してきたため、近年では溶剤として水を使う水性塗料が多く使われるよ
うになっています。

＊**有機溶剤**　有機溶剤には、弱いシンナーを使う**弱溶剤**と、強いシンナーを使う**強溶剤**があります。有機溶剤は耐久性や機
　能性がとても高い一方、においや健康面、環境への悪影響が大きいので、取り扱いには注意が必要です。
＊**耐久性**　ある物が外部からの物理的・化学的な影響に対する抵抗力を示す性能のことです。一般的には「モノが長持ちす
　る性能」だと理解されています。

　セメント系の外壁の再塗装では、主に水性塗料が使用されます。金属系の外壁では、錆を防ぐ必要から主に弱溶剤塗料が使用されます。屋根の塗装では、セメント系の建材でも、十分に乾燥する前に夜露などの水分があたると不良施工となるため、乾燥時間の短い弱溶剤塗料を使用する場合が多くなっています。強溶剤塗料は、周辺へのにおいなどの影響が大きく、取り扱いも難しいため、住宅外装の再塗装ではほとんど使用されていません。

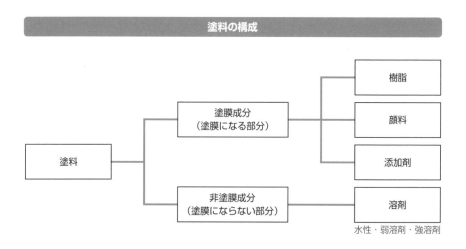

塗料の構成

水性・弱溶剤・強溶剤

●樹脂の種類

　塗料は、上塗り塗料の**樹脂の種類***によっても**耐候性***が異なります。外装の塗装で使用する上塗り塗料では、**アクリル樹脂系塗料（アクリル塗料）**、**アクリルウレタン樹脂系塗料（ウレタン塗料）**、**アクリルシリコン樹脂系塗料（シリコン塗料）**、**フッ素樹脂系塗料（フッ素塗料）** などがよく使用されています。一般的には、ウレタン塗料よりもシリコン塗料のほうが、またシリコン塗料よりもフッ素塗料のほうが、耐候性に優れています。

***樹脂の種類**　本書では、一般的な呼称として、アクリル樹脂系塗料をアクリル塗料、アクリルウレタン樹脂系塗料をウレタン塗料、アクリルシリコン樹脂系塗料をシリコン塗料、フッ素樹脂系塗料をフッ素塗料と呼びます。
***耐候性**　耐候性は、建築材料などを屋外に放置したときの、主に「天候」に対する抵抗力を示す性能です。塗料の性能は耐候性で表示されます。

　ただし、塗料の耐候性はメーカーや製品によって異なり、樹脂の違いだけでは決まらないこともあるので、カタログなどで性能を確認することが必要です。また、近年は耐候性を向上させるためにセラミックやケイ素などの無機成分を配合した塗料も開発されています。

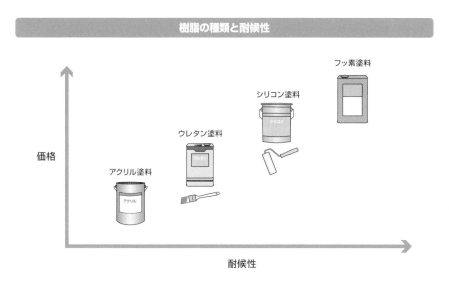

樹脂の種類と耐候性

フッ素塗料

シリコン塗料

ウレタン塗料

価格

アクリル塗料

耐候性

●塗膜の機能

　住宅塗装でよく使用される塗料には、**錆止め塗料**、**遮熱塗料**、**防汚塗料**、**防カビ・防藻塗料**など、各種の機能を付加した塗料があります。

　錆止め塗料は文字どおり錆止め機能を持ち、鉄部などを塗装する際の下塗り塗料として用いられます。遮熱塗料は屋根や外壁の上塗り塗料として用いられるもので、太陽光の赤外線を効率よく反射し、塗装された建材の蓄熱を抑制する性能があります。防汚塗料は、塗膜の緻密性を高めたり、付着した汚れが雨水とともに流されるような親水性を付与したりして、塗膜表面に汚れが付きにくくなるようにします。防カビ・防藻塗料は、カビや藻を抑制・忌避する薬剤などを配合して、カビや藻の発生を防ぎます。

第5章 外装の塗装方法

●塗装の工程

　新築時の住宅外装の塗装では、それぞれ専用の塗料を用いて、**下塗り**、**中塗り**、**上塗り**を行います。上塗りは2回塗るのが一般的です。これに対して、再塗装工事では、既存の塗膜の上塗りの機能回復を主な目的とするため、中塗り専用塗料を使わずに、下塗り塗料と上塗り塗料だけを使用します。外壁や屋根の再塗装工事では、最初に「高圧洗浄」「ひび割れ等の補修」など、塗装する建材の素地を塗装に適した状態にする**下地調整**を行います。その後、下塗りと中塗り、上塗りを行い、中塗りには上塗り用の塗料を使用します。

塗装の工程と役割	
工程	役割
下地調整	「高圧洗浄」「ひび割れ等の補修」など、塗装する建材の素地を塗装に適した状態にします。モルタルやコンクリートは表面が荒いため、下地調整機能のあるフィラーを厚塗りします。
下塗り	セメント系素材を強化して中塗りとの密着性を高めるとともに、中塗りの吸込みを防ぎます。再塗装の場合は、既存塗膜との密着性を高めます。金属資材の錆の発生を防ぐとともに、中塗りとの密着性を高めます。
中塗り	下塗りと上塗りをつないで、双方の密着性を高めます。セメント系素材のひび割れに追従して表面までひび割れが露出するのを防ぎ、防水機能を維持します。高粘度の中塗り塗料で凹凸模様などの柄を表現することもあります。
上塗り	様々な色や光沢やデザインを表現します。単色ではなく多彩模様もあります。さらに、太陽光線や風雨などに耐えて美観を維持します。防汚や防カビなどの機能を持たせることもあります。

上塗りと仕上げ塗り

　中塗り塗料を使用せずに、上塗り塗料を2回塗る場合、1回目を中塗り、2回目を上塗りと呼びますが、1回目を上塗り、2回目を**仕上げ塗り**と呼ぶこともあります。

再塗装における塗装工程と使用塗料

部位	素材	下地調整	下塗り 1回目	下塗り 2回目	中塗り	上塗り 1回目	上塗り 2回目
外壁	サイディング	洗浄等	下塗り塗料 **シーラー**[*]		上塗り塗料	上塗り塗料	
	サイディング（クリヤー塗装を行う場合）	洗浄等	メーカー指定の下塗り塗料			上塗り塗料	上塗り塗料
	モルタル	洗浄等	下塗り塗料 フィラー		上塗り塗料	上塗り塗料	
			下塗り塗料 シーラー	下塗り塗料 フィラー			
		洗浄等 樹脂モルタル	下塗り塗料 シーラー	下塗り塗料 フィラー			
	金属	洗浄等	下塗り塗料 **プライマー**[*]		上塗り塗料	上塗り塗料	
屋根	セメント系	洗浄等	下塗り塗料 シーラー		上塗り塗料	上塗り塗料	
			下塗り塗料 シーラー	下塗り塗料 フィラー			
	金属	洗浄等	下塗り塗料 シーラー		上塗り塗料	上塗り塗料	

▶▶ 外装部位別の塗料

　外装の再塗装で使用する下塗り塗料は、対象となる建材と既存塗装の状態、再塗装時の上塗り塗料の種類で決まってきます。一般的には、上塗り塗料のメーカーが下塗り塗料を指定しています。一方、上塗り塗料は種類によって耐候性や機能がかなり異なるため、塗装工事の性能は、上塗り塗料の選択でほぼ決まります。したがって、適切な上塗り塗料を選択することが非常に重要なのです。

[*]**シーラー**　シーラーは下塗り塗料の一種です。塗装面の細かいひび割れを埋めたり、素材が上塗り材を吸い込むのを抑制したりする役割を持ちます。

[*]**プライマー**　プライマーもシーラーと同様の機能を持っています。金属系の素材の場合に使われます。

　上塗り塗料の耐候性は、JIS A 6909で規格が定められており、**促進耐候性試験**の照射時間でグレードが決まります。促進耐候性試験は、湿度などが一定の条件下で、塗装した試料にキセノンランプの強い光を連続照射するものです。塗料の劣化が徐々に進むので、その際の**光沢保持率***、白亜化度、変色の程度で評価します。耐候形1種は2500時間の照射で光沢保持率80％以上、**白亜化度等級1***以下、**変色グレースケール3号***以上となっています。

　塗料メーカーは製品のカタログなどで、**キセノンランプ法***での促進耐候性試験の結果を公表しているので、そのデータによって塗料の耐候性を判断します。今日では、外装の塗装に使用されるほとんどの上塗り塗料が、JIS A 6909の耐候形1種の性能をクリアしています。

　キセノンランプの照射時間250～300時間がおおむね1年に相当するといわれているため、照射時間2500時間をクリアする耐候形1種の塗料であれば、10年間程度の耐候性を持つと考えられます。

JIS A 6909による耐候性区分

	耐候形3種	耐候形2種	耐候形1種
キセノンランプ法 照射時間	600時間	1200時間	2500時間
光沢保持率	80％以上		
白亜化度	等級1以下		
変色	グレースケール3号以上		

***光沢保持率**　塗膜は紫外線、熱、水分などによって劣化が進み、塗装後の光沢も時間経過とともに低下します。塗装直後の光沢を100％として、どれだけの光沢を保っているかの割合を光沢保持率で表します。光沢計で測定することができます。

***白亜化度等級1**　白亜化とは**チョーキング**ともいい、塗膜の成分が劣化して表面に微粉がゆるく付着したような現象です。白亜化した塗膜表面に貼り付けた粘着テープを剥がし、テープに付着した微粉の状態を標準図版と比較して、等級を判定します。等級1とは、ほとんど白亜化していない状態です。

***変色グレースケール3号**　変色は、変退色用グレースケールを用いて級数を判定します。**変退色**とは、変色（色相の変化）と退色（色あせ）のことです。3号とは、色差が3程度に収まる程度の変色です。色差2～3は、2つの色を離して見比べたときに違いがわかるレベルです。

***キセノンランプ法**　自然暴露環境における塗膜の劣化の主な要因の1つが太陽光の照射です。促進耐候性試験は、自然暴露を促進させるために強い強度の人工光源を用いて行われます。主に行われているのは、太陽光のエネルギー波長分布に近いとされるキセノンアークランプを人工光源として用いた促進耐候性試験です。

●屋根

　屋根材用の塗料として最も多く使われているのは、**シリコン塗料**です。高い耐候性を持つ**フッ素塗料**も使われるようになっています。屋根は水性塗料の場合、夜露などの施工上のリスクがあるため、通常は、乾燥するまでの時間が短い弱溶剤塗料が使用されます。

　屋根材の種類によって、適切な下塗り塗料を選択することも必要です。セメント系のスレート瓦やセメント瓦などでは、上塗り塗料の吸込みを防ぐ下塗り塗料を使用します。セメント系のモニエル瓦の場合は、**スラリー層**と呼ばれる着色層があるため、スラリー層に対応したモニエル瓦専用の下塗り塗料を使用します。金属系の屋根材では、錆止め機能のある下塗り塗料を使用します。アスファルトシングルでは、弱溶剤系の塗料はアスファルトを溶かして屋根材を傷めるため、下塗りにも上塗りにも水性塗料を使用します。下塗り塗料は上塗り塗料の製造メーカーが指定するものを使用するのが一般的であるため、下塗り塗料の種類について上塗り塗料のカタログで確認します。屋根は太陽光の照射を受け、夏場は蓄熱して建物内部の温度上昇につながるため、近年は、屋根用の塗料として遮熱機能のある塗料が選ばれることが多くなっています。遮熱機能で屋根の蓄熱を軽減し、建物内部の温度上昇を抑えることが期待されています。なお、粘土瓦には塗装は行いません。

●外壁

　外壁用塗料として、セメント系の外壁材では水性塗料を使用し、金属系の場合は弱溶剤塗料を使用します。いずれも適切な下塗り塗料を選択することが大切です。窯業サイディングの場合は上塗り塗料の吸込みを防ぐ下塗り塗料を使用します。モルタルやコンクリート、ALCで表面が荒い場合は、下地調整機能のあるフィラーを厚塗りして、上塗り塗料との密着性を高めます。金属系の外壁材の場合は、錆止め機能のある下塗り塗料を使用します。

　窯業サイディングで、既存塗膜の劣化が軽微な場合は、下塗りや中塗りを行わずに、透明なクリヤー塗料で上塗りを行って耐候性を回復させるすることもあります。

　窯業サイディングの各メーカーのカタログには、再塗装を行う場合の推奨塗料が記載されています。

第5章　外装の塗装方法

●付属部分

　雨樋、破風、水切りといった建物の付属部分の塗装には、素地に対する密着性が高い弱溶剤塗料を使用します。密着性が高いため、塩化ビニルやセメント系の素材にも下塗りを行わずに塗装できます。金属系の素材の場合は、錆止め機能を持つ下塗り塗料を使用します。木製建材において、木の素地を残す場合は木材保護用塗料で塗装します。素材を上塗り塗料で覆うように塗装する場合は、木部用の下塗り塗料を塗装した上で、弱溶剤の上塗り塗料で塗装します。

　軒天の素材がケイカル板の場合は、軒天専用のアクリル樹脂系非水分散形の弱溶剤塗料またはシーラー機能を持つ水性塗料を使用します。この場合は上塗り塗料で十分な密着性が得られるので、下塗りは行いません。軒天に窯業サイディングが使われている場合は、外壁と同じ仕様で塗装します。

主に使用される塗料の種類

塗装する部位・建材		下塗り	上塗り
外壁	セメント系	水性塗料	水性塗料
		弱溶剤塗料	弱溶剤塗料
	金属系	弱溶剤塗料（錆止め機能あり）	
屋根	セメント系	弱溶剤塗料	弱溶剤塗料
	金属系	弱溶剤塗料（錆止め機能あり）	
	モニエル瓦	水性または弱溶剤のモニエル瓦専用の下塗り塗料	
	アスファルトシングル	水性塗料	水性塗料
軒天	ケイカル板・フレキ板	なし	アクリル樹脂系非水分散形の弱溶剤塗料
			シーラー機能を持つ水性塗料
破風・鼻隠し	セメント系	なし	弱溶剤塗料
雨樋	塩化ビニル樹脂	なし	弱溶剤塗料
各部	木製建材	なし	木材保護塗料
		木部用弱溶剤塗料	弱溶剤塗料

●外装の塗装方法

　外装の再塗装工事は、「塗装を行うための準備作業」と「塗装作業」に分かれます。また塗装作業は、「下地処理」と「塗装」の2つに大別できます。塗装前の下地処理を適切に行うことが、よい塗装を行うために大切です。

<table>
<tr><td colspan="3" align="center">再塗装工事の工程（1）　準備作業</td></tr>
<tr><td>工程</td><td>工事内容</td><td>注意点</td></tr>
<tr>
<td>足場仮設</td>
<td>・工事を行う建物の周囲に足場を設置します。
・足場には様々な種類がありますが、住宅塗装ではくさび緊結式足場（通称：ビケ足場）を使用するのが一般的です。</td>
<td>・足場には飛散防止と落下防止のためにメッシュシート（飛散防止養生シート）を張ります。
・敷地のスペースに応じて昇降用の階段を設置します。</td>
</tr>
<tr>
<td>高圧洗浄</td>
<td>・塗装対象面を高圧水で洗浄し、汚れ、チョーキング（粉化）、藻・コケなどを除去します。
・洗浄水が飛散しないように、飛散防止養生シートなどの対策を行います。</td>
<td>・高圧洗浄による漏水のリスクがある箇所などは、高圧洗浄に先行して補修などの処理を行います。
・高圧洗浄にあたっては、素地を傷付けないように注意し、水圧は10MPa（100kg/cm²）以下を目安とします。</td>
</tr>
<tr>
<td>養生</td>
<td>・外壁や屋根などを塗装する際、塗装する部分以外の場所に塗料がつかないよう保護します。塗料の飛散事故を防ぎ、塗装作業の効率を高めます。
・高圧洗浄を行ったのちに土間、犬走り、基礎の養生を行います。このとき、エアコンの室外機、給湯器などの屋外の設備機器も養生します。
・高圧洗浄ののちに開口部（サッシ）の養生を行います。開口部は養生により開閉ができなくなるので、工事前に、開口部の開閉が一定期間できなくなることを発注者に説明して確認を得ます。玄関ドアなど開閉の必要がある開口部は、開閉できるように養生します。
・雨樋、シャッターボックス、笠木、給排水管など、建物に付属した箇所の養生も行います。</td>
<td>・設備機器の養生の場合は、吸排気口を塞ぐと故障の原因となるため、十分な注意が必要です（吸排気口をあけて養生する）。
・設備機器のコンセントを外す場合は、事前に機器の電源を落としてもらって外します。養生が終わったあとはコンセントを元に戻し、設備機器の電源を入れてもらって、設備機器が正しく動作するかどうか確認します。
・開口部の養生は、期間ができるだけ短くなるよう配慮することが必要です。養生が必要な作業が終了したら、できるだけ速やかに養生を取り除きます。</td>
</tr>
</table>

再塗装工事の工程（2） 塗装作業

工程	工事内容	注意点
下地処理	・まず下地処理を行います。 ・建材の表面を、塗装に適した状態にする作業です。建材の不具合があれば補修します。 ・必要な下地処理は、建材の種類と劣化状況によって決まります。建材の表面をサンドペーパーなどで目荒らしして、密着性を高めることもあります。	・表面塗膜や建材の素地を削る場合は、ケレン作業となり、石綿含有の有無の事前調査や石綿の飛散防止対策などが必要となります。
下塗り	・通常は1回の塗装を行いますが、下地の状態によっては2回または3回行うこともあります。 ・下塗りには、素材と中塗りとの密着性を高める役割があります。	・下塗りを複数回行うときは、同じ塗料で行う場合と、異なる塗料を使用して行う場合があります。 ・建材の種類と上塗り塗料によっては、下塗りが不要なこともあります。既存塗膜の劣化が少ない場合などです。 ・建材メーカーまたは塗料メーカーの指示・仕様に従って、適切な下塗り塗料を選定します。
中塗り	・下塗りと上塗りの中間で行う塗装です。 ・複層弾性塗料、意匠性塗料など、特定の機能を持つ塗料で中塗りを行うことがあります。	・上塗り塗料の製造メーカーの指定する塗料で中塗りを行います。 ・下塗りののちに、同じ上塗り塗料で中塗りと上塗りを行うこともあります。
上塗り	・仕上げとして塗る作業なので、仕上げ塗りと呼ぶこともあります。 ・上塗りに使用する塗料をトップコートと呼ぶこともあります。	

5-2

塗装工事の品質管理

住宅の再塗装工事では、工事業者自らが品質管理を行います。

▶▶ 塗装工事の課題

　塗装工事を依頼する発注者は品質のよい工事を期待していますが、どのような工事が品質のよい工事なのかを判断するのは難しいのが現実です。

　また、塗装工事の材料である塗料については工場で品質管理が行われていますが、塗装工事の品質は現場での工事内容によって決まります。特に住宅の塗装工事のような小規模の工事では、施工管理に十分なコストをかけることが困難であり、品質管理の不十分な塗装工事がどうしても発生してしまう場合があります。

　国や地方公共団体などが行う公共工事では、「**公共建築工事標準仕様書**」「**公共建築改修工事標準仕様書**」などが整備され、工事の品質を確保できるようになっています。公共工事では、発注する側の技術者が発注した工事の管理に携わり、このような仕様書に基づいて工事が行われます。民間が行う大規模な建設工事でも同様の管理が行われており、工事の品質が管理されています。また、受注者側にも資格を持った専任の施工管理技術者がおり、現場に常駐して施工管理を行い、工事の品質を確保します。

　しかし、住宅塗装工事などの小規模工事で同様のことを行うと、人件費がかさんで工事代金が高くなりすぎるため、現実的ではありません。発注者である消費者が工事の管理をすることも、やはり現実的ではありません。

　そこで、住宅の塗装工事などの小規模な工事では、工事業者が自ら適切な管理方法を確立して品質管理を行うことが必要です。

▶▶ 塗装工事の品質管理

　塗装工事の工程は、**下地処理**と**塗装**の2つに分かれます。そして、下地処理には建材の種類と劣化状況に応じて適切な処理方法があります。また塗装についても、既存の塗膜に応じて適切な再塗装の塗料を選択し、適切な方法で作業を行うことが必要です。これらの作業方法や判断基準を明確にし、実際の工程において基準を守ることが大切です。

　住宅の塗装工事においては、まず、対象となる建材の種類や既存の塗装に適合した塗料を選定することです。建材メーカーが改修に使用する材料を指定している場合は、その塗料を選択します。建材メーカーからの指定がない場合や不明の場合は、対象の建材の種類に対して使用可能だと表示してある塗料を選びます。

　塗装作業においては、塗料メーカーが製品ごとに定めた仕様に従って施工します。性能を発揮するために必要な塗装回数、単位面積当たりの塗布量、塗装後の乾燥時間、希釈の方法、施工可能な外気温度などが定められています。単位面積当たりに必要な塗布量が守られているかどうか管理するには、施工する面積およびメーカーが示す塗料1缶当たりの施工可能面積から工事に必要な塗料の数量を計算し、必要な塗料が工事現場に納品されたか、納品された塗料が工事に使用されたか、を確認します。

　なお、下塗りや上塗りなど、それぞれの作業が終了した時点で、「塗りむらや塗り忘れなどがなく、均質に施工されているかどうか」を目視で確認します。

5-3

PQA塗装工事基準

一般財団法人塗装品質機構（略称：PQA *）では、塗装工事業者が塗装工事の品質管理を行うための基準として「**PQA塗装工事基準**」を構築しました。

住宅塗装工事の現場では、実際に作業をする塗装作業者が工事の手順や基準を把握しておらず、それが不良の原因となることがあります。PQA塗装工事基準は、コストを下げながら工事品質を高めることを目指した、住宅塗装工事の品質管理の基準です。

▶▶ PQA塗装工事基準の基本事項

PQA塗装工事基準の目的は、「住宅の塗装工事で達成すべき品質を低コストで実現する」ことです。この目的を実現するために、工事を発注する消費者と工事を受注する塗装事業者の間でのトラブルを避け、工事の効率をよくするための基本事項として、関係者の役割と工事関係書類の運用を以下のように定めています。

①関係者の役割

工事の発注者は、工事を行うための作業環境を提供します。また、隣家など近隣住民との交渉の責任を負います。近隣への挨拶は受注者が発注者に代わって行うのが一般的ですが、責任は発注者にあります。

工事受注者は、工事管理者を選任して工事の管理を行います。工事管理者は工事に必要な書類を作成し、契約通りに工事が完成するよう、工事作業者に適切な指示を行います。工事管理者には資格などの要件はありませんが、工事受注者が工事内容を考慮し、十分な知見・経験を有する者を指名します。工事作業者は、工事仕様書や工事管理者の指示に従って作業を行います。

＊**PQA** Paint Quality Associationの略。

②工事関係書類

　塗装工事の品質を確保するために必要な書類は、診断報告書、見積書、工事仕様書、写真撮影チェック表、工事アルバムです。診断報告書のサンプルは本書に載せています（p.188）。工事仕様書と写真撮影チェック表のExcelファイルを一般財団法人塗装品質機構のホームページからダウンロードすることができます（https://pqa.or.jp/）。

工事関係書類				
書類名	内容	作成時期	提出時期	備考
診断報告書	工事の対象、工事内容を決めるための資料	見積前	見積提案時	現場調査報告書ともいう
見積書	工事の内容、面積、工事単価を具体的に示す	工事提案前	見積提案時	
工事仕様書	部位ごとの工事内容と使用材料を具体的に示す	工事提案前	見積提案時	
工事工程表	工事のスケジュール表	工事開始前	発注者と調整後	近隣説明にも必要
写真撮影チェック表	工程ごとに写真を撮影するためのチェック表	工事開始前	－	発注者への提出は任意
工事アルバム	チェック表記載の部位・工程などを漏れなく撮影	工事中	工事完了後	デジタルデータで保存
工事完了報告書	適切な工事を行った記録として作成	工事完了後	工事完了後	

　診断報告書は**現場調査報告書**とも呼ばれます。見積書を作成する前に、建物の状況を確認して、工事の対象と工事内容を決めるための資料です。発注者に対して工事箇所や工事の仕様、必要性を説明するためにも重要な資料です。

　見積書は、具体的な工事の内容・仕様・数量・金額を示した、契約の基礎となる書類です。特に、工事の内容・面積・工事単価を具体的に示すことが必要です。

　例えば、破風・軒天・雨樋などは個別に見積項目を設定して見積書に記載しますが、複数の部位の工事をまとめて「付帯部塗装工事 一式」と見積書に記載した場合は、付帯部が建物のどの部位を指し、どのような工事を行うかを特定することができません。このような場合は、診断報告書に工事の対象となる部位と工事内容を記載して、補完的な書類とします。

　工事仕様書は、見積書と診断報告書をもとに、部位ごとの工事内容と使用材料を具体的に記載した書類です。施工内容の決定にあたっては、部位ごとにPQAの部位建材別塗装工事基準（p.140で紹介）を参照し、施工内容が適合しているかどうかを確認します。

　工事工程表は、工事の進捗管理を行うためのスケジュール表です。発注者の都合を考慮して相談の上、決定します。工事作業者と進捗を共有して工期を遵守します。天候不順などで工事の遅れが予想される場合は、早めに修正計画を提出します。

　写真撮影チェック表は、工事仕様書に記載された工事対象部位について、工程ごとに写真を撮影するためのチェック表です。使用する塗料などの写真も撮影します。

　工事アルバムは、工事中に撮影した写真をデジタルデータとして保存し、個別の写真ごとに撮影日付、撮影箇所、撮影の対象となった工程を特定できるようにします。写真撮影チェック表に記載された部位・工程などが、漏れなく撮影されているかどうか確認します。

　長期の保存が必要なデータであるため、クラウド上の写真管理サービスやアプリケーションの利用を推奨します。クラウド上のサービスを使用する場合は、10年以上にわたって安全に保存できるサービスを選択します。建設業者の営業に関する図書の保存期間は10年と定められています。

　工事完了報告書は、適切な工事を行った記録として作成します。作成した工事完了報告書は工事発注者に提出します。

▶▶ 工事の管理

工事管理者と工事作業者は工程に合わせて、工事の管理を行います。

①事前調査

工事規模や内容を確認するために**事前調査**を行います。劣化診断（第6章）と同様の内容です。

まず、工事の対象となる部位を特定し、対象部位の建材の種類、劣化状況などを確認します。次に、工事対象の面積、長さなどの数量を建築図面その他によって確認します。建築図面が参照できない場合は、実測により数量を確認します。

②現場環境の調査

隣接する家屋の状況を確認し、工事によって影響を与える可能性がある場合は、必要な養生などの対応策を検討します。道路使用に関する許可や景観条例に関する許可など、法令上の許可や届け出の必要性を確認し、工事開始までに手続きを行います。

③工事現場管理

工事管理者は工事開始前に、工事仕様書、写真撮影チェック表、工事工程表を作業者に周知させ、工事仕様書に従って施工を行うよう管理します。工事工程表に作業禁止日や作業開始時刻、作業終了時刻の記載がある場合は遵守します。また、次の点を遵守しなければなりません。

・原則として午前8時以前および午後6時以降には、作業を行いません。
・天候が不順な場合または天候不順が予測される場合は、工事を中止します。
・気温・湿度がメーカーの指定する範囲外の場合は、施工を行いません。
・台風などで強風が予想される場合は、工事を中止します。また、台風などの強風があった翌日には、作業開始前に現場の状況を確認して発注者に報告します。
・工事にあたっては関係法令等を遵守します。

④施工中の環境保全等

毎日、作業終了前に必ず、現場の後片付けおよび清掃を行います。また、現場で発生した廃材やゴミ、洗い水、残塗料などは、毎日、必ず持ち帰って、法令に従って処分します。

シンナーなどの溶剤を取り扱う場合は、発注者や隣家に伝え、窓を締めてもらうなどの対応を依頼します。

工事対象外の部分や施工済み部分などを汚損しないよう、適切な養生を行います。

⑤塗料の取り扱い

塗料の使用前に、工事仕様書に記載された品物と数量が納品されていることを確認します。現場で塗料を保管する場合は、地面に直接置かず、必ずビニールシートを敷いてその上に置きます。また、作業終了後は塗料をブルーシートなどで覆います。火災などの原因となるシンナーや溶剤塗料などは、必ず、毎日持ち帰ります。

⑥施工写真の撮影

工事写真は写真撮影チェック表に従って撮影し、工事アルバムに保存します。使用する材料も撮影して工事アルバムに保存します。工事写真は、部位ごとおよび工程ごとに、同じ箇所を対象として撮影します。撮影箇所が判別できる全体写真および工事箇所をクローズアップした写真の2種類以上を撮影します。

⑦完工の確認

工事管理者は工事完了後に、工事仕様書の指示通りに工事が完了していることを確認します。工事の不具合を発見した場合は手直しを行い、そののちに工事管理者が再確認を行います。

5-4

部位建材別の塗装工事基準

PQA部位建材別塗装工事基準は、外装の主要部位に使用される建材の種類ごとの「下地処理基準」と「塗装基準」で構成されています。下地処理基準は、経年劣化の事象およびそれに対応する下地処理の方法を整理したものです。塗装基準は、建材や既存塗装の種類ごとに塗装工事の標準仕様を整理したものです。

▶▶ 部位建材別塗装工事基準の使い方

部位建材別塗装工事基準は、新築時の建材の種類および現在の劣化状況を基準に作成されています。これらは、塗装工事の工事仕様を決定する際の参考となるものです。以前に再塗装工事を行っている場合は、直近の再塗装工事の仕様に対して部位建材別塗装工事基準を適用します。

現場の状況が部位建材別基準に該当しない場合は、工事を行う会社が本基準を参考にして適切な工事方法を選定します。そして、見積書や工事仕様書などに記載して発注者に説明し、了承を得ます。ただし、使用する塗料のメーカーによって指定された基準を満たさない場合は、適切な工事方法とはなりません。

対象となる建材が石綿含有建材である場合は、部位別基準の下地処理の方法に加えて、石綿の飛散防止対策が必要となります。石綿の飛散防止対策上、基準に記載された下地処理方法を実施できない場合もあり、その場合は石綿の飛散防止対策が優先となります。

▶▶ 外装にかかわる主な劣化事象

下地処理基準に規定されている劣化状況の概要を下表に示します。

劣化状況の概要

劣化状況	劣化の状況
汚れ、コケ・藻の付着	表面に汚れ、コケ、藻などが付着している。
塗膜の劣化	塗装が劣化し、チョーキングや変退色が発生している。
釘の浮き	釘がゆるんで釘の頭が飛び出している。
塗膜・仕上塗材の亀裂、剥離、膨れ	塗膜の亀裂や剥離、膨れが見られる。
ひび割れ	建材にひび割れが発生している。
欠損	建材の一部が欠けたり、割れて欠落したりしている。
凍害	建材に凍害が発生している。
反り	建材に反りが発生して変形している。
めくれ	建材に浮きとめくれが発生している。
剥離、浮き、剥がれ	建材の層間剥離や浮き、剥がれが発生している。
錆	錆が発生している
錆による貫通（孔食^{こうしょく} ＊）	錆による腐食で建材に穴があき、欠損している。
エフロレッセンス（白華）	コンクリートやモルタル内部の水酸化カルシウム等の成分が染み出し、結晶化して表面に付着している。
粒状彩色石の欠落	アスファルトシングル屋根材表面の粒状彩色石が剥がれ落ちて、アスファルトやガラス繊維が露出している。

第5章　外装の塗装方法

＊**孔食**　金属に発生する局部腐食で、孔があいたような深い腐食です。

▶▶ 主な下地処理

劣化状況に応じて適切な**下地処理**を行います。下地処理基準に規定されている下地処理工程の概要をp.142～145の表に示します。

複数の劣化が混在している場合は、それぞれの下地処理方法を併用します。下表にない劣化状況が生じているなど、下地処理が不明な場合は、建材の製造メーカーなどに対処方法を確認します。

劣化に応じた下地処理（1）　各建材共通の劣化

劣化状況	処理方法	注意事項
塗膜の汚れ、チョーキングなど	対象面を高圧水で洗浄し、汚れ、チョーキング（粉化）、藻・コケなどを除去します。このとき、素地を傷付けないように注意し、洗浄水が飛散しないように飛散防止養生シートなどの対策を行います。	道具は高圧水洗浄機を使用し、水圧は10MPa（100kg/cm^2）以下を目安とします。
釘の浮き	釘頭の飛び出しはハンマーで叩いて打ち込みます。釘が効いていない既存釘の周辺に小さなひびがある場合は、下地上の適切な位置に先孔をあけて新しい釘またはビスを打ちます。	
塗膜の亀裂、剥離、膨れ	素地を傷めないように、浮いた塗膜・仕上塗材および周辺の脆弱な塗膜・仕上塗材をスクレーパー、ワイヤーブラシなどで除去します。	
段差修正	塗膜を除去した箇所に段差がある場合は、セメントフィラーなどで平滑にします。	セメントフィラーとは、樹脂を混ぜたモルタルです。
補修跡	補修跡を目立たなくする必要がある場合は、仕上塗材を周辺の模様に合わせます。	

※石綿含有建材に対する高圧洗浄では、表面に付着した汚れ等の除去に限定されます。建材の素地や表面塗膜の剥離を伴う場合は、高圧水ケレンとなり、石綿含有建材の事前調査と報告、工事の際の石綿の飛散防止対策が必要となります。

劣化状況	処理方法	注意事項
凍害	凍害が表層の場合は、脆弱部をスクレーパーなどで撤去し、シーリング材またはパテ材で充填します。脆弱部が貫通している場合は、既存ボードを撤去し、同型の新規ボードを取り付けます。	
錆	ディスクサンダー、ワイヤーブラシ、マジックロンなどで錆を除去します。活膜は残し、錆と錆に伴う割れや膨れなどの不良部を除去します。	マジックロンとは、ケレンに使用されるナイロン製のタワシです。
反り	釘が効く場合は、下地上の適切な位置に先孔をあけて新しい釘またはステンレスビスで固定します。	
	釘が効かない場合は、反った既存の建材を撤去し、新しい建材を取り付けます。	必要に応じて下地（胴縁等）も交換します。
建材の浮き・剥がれ	浮き、剥がれの生じた建材を撤去し、新しい建材を取り付けます。	必要に応じて下地（胴縁等）も交換します。
エフロレッセンス	積層しているエフロレッセンスをサンドペーパー、ディスクサンダーなどで除去します。	

※石綿含有建材の場合は、石綿の飛散防止対策が必要になります。

劣化に応じた下地処理（2） 建材別の劣化

劣化状況	対象建材	処理方法	注意事項
ひび割れ	窯業サイディング	軽微な場合は、シーリング材等で補修します。	ひび割れ部に擦り込みます。
		ひびが長い場合は、カッターナイフ等で表面を3mm程度斜めにカットし、プライマーを塗布した上でパテ等を充填します。	
	モルタル	ひび割れが0.2mm以下または表層の仕上塗材までの場合は、シール材またはフィラーをひび割れ箇所に擦り込んで補修します。	フィラーは微弾性または弾性のものを使用します。
		ひび割れが0.2mm以上の場合は、エポキシ樹脂注入工法によって補修します。	
		ひび割れが下地のモルタルに及んでいる場合は、Uカットシーリング充填工法によってひび割れを補修します。	
	スレート瓦	部分的なひび割れはシーリング材等で補修します。	ポリウレタン系または変成シリコン系シーリング材を使用します。
		スレート瓦でひび割れが広範囲に発生している場合は、葺き替えまたはカバー工法に変更します。	
浮き	コンクリート	コンクリートの浮きは、エポキシ樹脂ピンニング工法で補修します。	
	アスファルトシングル	浮き、めくれがある箇所は、シングルセメントで張り合わせます。	シングルセメントはアスファルトシングル専用の接着剤です。

劣化状況	対象建材	処理方法	注意事項
欠損	窯業サイディング	欠損が小さい場合はシーリング材、エポキシ樹脂等で補修します。	
		欠損が大きい場合は対象の建材を撤去し、同型の建材を取り付けます。	必要に応じて下地胴縁も交換します。
	モルタル	欠損の脆弱部をスクレーパーなどで除去し、粉分を清掃後、浸透性シーラーを塗装し、断面修復材（ポリマーセメントモルタルなど）で充填します。なお、表面が粗くなった場合は、セメントフィラーなどで滑らかに整えます。	
	ALC	欠損の脆弱部をワイヤーブラシなどで除去した後、欠損部に水性プライマーを塗布し、ALC補修材またはセメントフィラーで充填して平滑にします。	
	スレート瓦	破損した端材があり、釘留め箇所が隠れている場合は、シーリング材等で補修接着します。	
		破損部材がない場合は、塗装の際に破損部の小口も塗装します。	
		下の瓦の釘留め箇所が見えている場合は、不良の瓦にバールを差し込んで持ち上げ、釘を切断して撤去し、同型のスレート瓦を差し込んでシーリング材で張り付けます。	
	セメント瓦	交換が可能な場合は、新しい同型の瓦に交換します。	
	アスファルトシングル	破損したシングル材を取り外し、新しいシングル材を張り付けます。	
錆による孔食	金属サイディング	同型の新しい建材に取り換えます。	
	金属系屋根材	同型の屋根材に取り換えます。	

※石綿含有建材の場合は、石綿の飛散防止対策が必要になります。

▶▶ 塗装基準

　建材や既存塗装の種類ごとに塗装工事の標準仕様を整理したものが、**塗装基準**です。塗装工事の工事仕様を決定する際には、これらを参考にします。既存塗膜の種類は図面の確認と目視によって判断します。建材の塗膜の種類が不明の場合は、建材メーカーまたは使用予定の塗料メーカーに、対応方法を確認します。

　既存塗装がフッ素や変性無機、光触媒など耐候性の高い塗料の場合は、塗膜の劣化が少なく、下塗り時の素材への吸込みが多くないため、下塗りは1回が標準となります。既存塗膜の耐候性が高い場合は、同等以上の耐候性の塗料で再塗装時の上塗りを行います。

①窯業サイディング（工場塗装）・押出成形板

既存塗装の種類	使用する塗料			
	下塗り		中塗り	上塗り
	1回目	2回目		
アクリル樹脂系 ウレタン樹脂系 シリコン樹脂系	シーラー	1回目の下塗り塗装の下地への吸込みが多く、表面に残らない場合、下塗りを2回行う	上塗り塗料メーカー指定の中塗り塗料、または上塗り塗料	ウレタン樹脂系塗料 シリコン樹脂系塗料 フッ素樹脂系塗料 変性無機系塗料
	塗膜の劣化が軽微な場合は、既存塗膜の洗浄後に上塗りとしてクリヤー塗装を行って耐候性を回復させることもできる			クリヤー塗料
フッ素樹脂系 変性無機系 光触媒系	上塗り塗料メーカー指定の下塗り塗料	―	上塗り塗料メーカー指定の中塗り塗料、または上塗り塗料	シリコン樹脂系塗料 フッ素樹脂系塗料 変性無機系塗料
	塗膜の劣化が軽微な場合は、既存塗膜の洗浄後に上塗りとしてクリヤー塗装を行って耐候性を回復させることもできる			クリヤー塗料

※クリヤー塗装の場合は塗料メーカーの仕様に従って塗装します。

②窯業サイディング（現場塗装）・モルタル外壁・ALC

既存塗装の種類	使用する塗料			
	下塗り		中塗り	上塗り
	1回目	2回目		
アクリル樹脂系 ウレタン樹脂系 シリコン樹脂系	シーラー（モルタルの場合は微弾性フィラー）	1回目の下塗り塗装が下地に吸い込まれる場合は、同じ塗料で2回目を行う	上塗り塗料メーカー指定の中塗り塗料、または上塗り塗料	ウレタン樹脂系塗料 シリコン樹脂系塗料 フッ素樹脂系塗料 変性無機系塗料
フッ素樹脂系 変性無機系 光触媒系	上塗り塗料メーカー指定の下塗り塗料	－		シリコン樹脂系塗料 フッ素樹脂系塗料 変性無機系塗料
単層仕上塗材（リシン、**単層弾性塗装**[*]、**マスチック**[*]等）	シーラー（モルタルの場合は微弾性フィラー）	1回目の下塗り塗装が下地に吸い込まれる場合は、同じ塗料で2回目を行う		ウレタン樹脂系塗料 シリコン樹脂系塗料 フッ素樹脂系塗料 変性無機系塗料
着色骨材系仕上塗材（**スキン**[*]、石材調塗材等）	シーラー	微弾性フィラー		

③モルタル外壁（掻き落とし）

既存塗装の種類	使用する塗料			
	下塗り		中塗り	上塗り
	1回目	2回目		
掻き落とし	シーラー	シーラーまたは微弾性フィラー	上塗り塗料メーカー指定の中塗り塗料、または上塗り塗料	ウレタン樹脂系塗料 シリコン樹脂系塗料 フッ素樹脂系塗料 変性無機系塗料

第5章　外装の塗装方法

＊**単層弾性塗装**　1つの主材で模様層と上塗り層を形成し、弾性機能も発揮できます。
＊**マスチック**　多孔質のハンドローラにより1段塗りで厚膜に仕上げる塗装です。
＊**スキン**　大量の細かな石を塗料と一緒に吹き付ける塗装です。

④金属サイディング

既存塗装の種類	使用する塗料			
	下塗り		中塗り	上塗り
	1回目	2回目		
ポリエステル樹脂系 アクリル樹脂系 ウレタン樹脂系 シリコン樹脂系	変性エポキシ樹脂系錆止め塗料	変性エポキシ樹脂系錆止め塗料	上塗り塗料メーカー指定の中塗り塗料、または上塗り塗料	ウレタン樹脂系塗料 シリコン樹脂系塗料 フッ素樹脂系塗料 変性無機系塗料
フッ素樹脂系	上塗り塗料メーカー指定の下塗り塗料	上塗り塗料メーカー指定の下塗り塗料		シリコン樹脂系塗料 フッ素樹脂系塗料 変性無機系塗料

⑤スレート瓦、セメント瓦

　上下の瓦の重なり部に隙間がないスレート瓦には、塗装前の作業として瓦の**縁切り**を行います。1枚につき左右両端から15～20cmの位置にタスペーサーを2カ所はめ込み、縁切りします。上下の瓦に隙間がないと、裏面に浸透した雨水が排出されないためです。再塗装時にも、上下の重なり部分に塗料を塗り込まないようにします。また、塗料が入り込んだ場合は、乾燥後にカッターで切断して縁切りを行います。

　なお、互い違い柄や鱗柄、波型といった特殊形状のスレート瓦の場合、タスペーサーは使用できないため、カッターで縁切りします。

既存塗装の種類	使用する塗料			
	下塗り		中塗り	上塗り
	1回目	2回目		
アクリル樹脂系 ウレタン樹脂系 シリコン樹脂系	シーラー	1回目の下塗り塗装の下地への吸込みが多く、表面に残らない場合、下塗りを2回行う	上塗り塗料メーカー指定の中塗り塗料、または上塗り塗料	ウレタン樹脂系塗料 シリコン樹脂系塗料 フッ素樹脂系塗料 変性無機系塗料
フッ素樹脂系 変性無機系	上塗り塗料メーカー指定の下塗り塗料	1回目の下塗り塗装の下地への吸込みが多く、表面に残らない場合、下塗りを2回行う		シリコン樹脂系塗料 フッ素樹脂系塗料 変性無機系塗料

⑥金属屋根材

既存塗装の種類	使用する塗料			
	下塗り		中塗り	上塗り
	1回目	2回目		
ポリエステル樹脂系 アクリル樹脂系 ウレタン樹脂系 シリコン樹脂系	変性エポキシ樹脂系錆止め塗料にてケレンによる素地露出面への塗装を行う	変性エポキシ樹脂系錆止め塗料	中塗り塗料、または上塗り塗料 上塗り塗料メーカー指定の	ウレタン樹脂系塗料 シリコン樹脂系塗料 フッ素樹脂系塗料 変性無機系塗料
フッ素樹脂系	上塗り塗料メーカー指定の下塗り塗料にてケレンによる素地露出面への塗装を行う	上塗り塗料メーカー指定の下塗り塗料		シリコン樹脂系塗料 フッ素樹脂系塗料 変性無機系塗料

⑦アスファルトシングル

既存塗装の種類	使用する塗料			
	下塗り		中塗り	上塗り
	1回目	2回目		
アスファルトに有色骨材を圧着	水性シーラー	1回目塗装が下地に吸い込まれて、表面に残らない箇所に、水性シーラーで2回目の下塗りを行う	上塗り塗料メーカー指定の中塗り塗料、または上塗り塗料	水性ウレタン樹脂系塗料 水性シリコン樹脂系塗料 水性フッ素樹脂系塗料 水性変性無機系塗料

⑧付属部

雨樋、破風、水切りなどの付属部分に窯業サイディングや押出成形板が使用されている場合は、「①窯業サイディング（工場塗装）・押出成形板」に従います。金属板が使用されている場合は「⑥金属屋根材」に従います。既存品が工場塗装品の場合は、これまでの塗装基準を参考にします。それ以外の場合は次表の基準になります。

第5章 外装の塗装方法

5-4 部位建材別の塗装工事基準

対象建材	既存塗装の種類	使用する塗料			
		下塗り		中塗り	上塗り
		1回目	2回目		
樹脂系セメント系	現場塗装		–	上塗り塗料メーカー指定の中塗り塗料、または上塗り塗料	弱溶剤2液ウレタン樹脂系塗料
金属系	現場塗装		変性エポキシ樹脂系錆止め塗料		弱溶剤2液シリコン樹脂系塗料 弱溶剤2液フッ素系塗料
木質系	建材素地 木材保護塗料	–	–	上塗り塗料	木材保護塗料
	建材素地 現場塗装		下塗りなし、または木部用下塗り塗料	上塗り塗料メーカー指定の中塗り塗料、または上塗り塗料	弱溶剤2液ウレタン樹脂系塗料 弱溶剤2液シリコン樹脂系塗料 弱溶剤2液フッ素系塗料

⑨軒天

軒天として窯業サイディングが使用されている場合は、「①窯業サイディング（工場塗装）・押出成形板」に従います。それ以外の場合は次表の基準になります。

対象建材	既存塗装の種類	使用する塗料			
		下塗り		中塗り	上塗り
		1回目	2回目		
ケイカル板 フレキ板	アクリル樹脂系			上塗り塗料	NAD塗料
		–	–		水性アクリル系塗料

※NAD塗料とは、アクリル樹脂系非水分散形の弱溶剤塗料です。

第**6**章

外装の劣化診断

　雨水の浸入を防ぎ、太陽光の熱射に耐えて住宅を長期間守る屋根と外壁は、塗装やメンテナンス工事の前に劣化状態を正確に診断することが大切です。それによって、最適なメンテナンス工事を実施でき、さらにはメンテナンス工事後の不具合発生の予防にもつながります。ここでは、外装の劣化診断の手順、診断の基準、劣化状態の判断について解説します。

診断の対象と準備

診断には様々な機器を使用します。図面を見て診断作業をイメージしながら、機器の準備も行います。

▶▶ 診断の対象

診断の対象は、外壁、出窓、庇、雨戸、戸袋、雨戸シャッター、シーリング、屋根、屋根付属物（破風板、鼻隠し、軒天、天窓など）、バルコニー、笠木、雨樋など、外装全体です。また、診断の範囲は各部材、建材の基材そのもの、塗装、防水、下地である木材、防水紙です。

使用されている屋根材、外壁材、軒天材料の種類の確認は、設計図面と現地確認によって行います。使用されている建築材料の種類ごとに、劣化診断のポイントがあります。

▶▶ 診断の手順

診断の手順は次図の通りです。

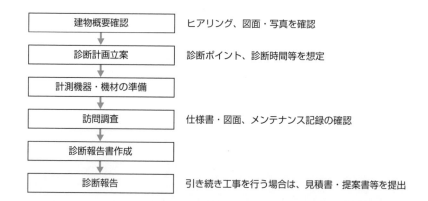

診断の手順

建物概要確認	ヒアリング、図面・写真を確認
診断計画立案	診断ポイント、診断時間等を想定
計測機器・機材の準備	
訪問調査	仕様書・図面、メンテナンス記録の確認
診断報告書作成	
診断報告	引き続き工事を行う場合は、見積書・提案書等を提出

▶▶ 診断の準備

劣化診断は目視調査だけでなく、各種の計測機器や補助機材を使って行います。計測機器・補助機材のリストから、必要に応じて準備します。

計測機器・補助機材リスト

①計測機器

名称	用途
デジタルカメラ	記録撮影
ビデオカメラ	音声付きの記録撮影
高所カメラ[*]	屋根・破風・鼻隠し・軒天・雨樋の撮影
ドローン	屋根・破風の撮影
クラックスケール	基礎のひび割れ、シーリング目地の開き測定
レーザーレベラー、水平器	床・壁・柱の傾きを計測
下げ振り	床・壁・柱の傾きを計測
鉄筋探査機	基礎の配筋を確認
拡大鏡	塗膜の状態、汚れの状況を確認
打診棒	基礎・外壁の浮き・剥離を確認
水分計	外壁材、木部の含水率を測定
サーモカメラ[*]	雨漏り、外壁の剥離を確認
温湿度計	診断箇所の温湿度を測定
メジャー	長さ、幅などを測定
直定規	外壁や下地の厚みを測定
オイルコンパス	建物の方位を確認

第6章　外装の劣化診断

[*]**高所カメラ**　高所カメラは、2～10m程度の長いポールの先にカメラを取り付け、手元のスマートフォン等でアングルやシャッターを操作して撮影できる道具です。高所に上らないため安全であり、足場やはしご等の設置作業が不要になります。

[*]**サーモカメラ**　対象物の遠赤外線エネルギーを可視化し、映像モニター上に表示するカメラです。非接触で対象物の表面温度を測定することができます。目視では発見しにくい雨漏りや外壁の剥離も、これらが原因となって周囲との温度差が生じるため、サーモカメラで確認することができます。

②補助機材

名称	用途
ヘルメット	頭部の保護
はしご、脚立	高所の確認
ハーネス	墜落防止
落下防止網	墜落防止
足場	高所の作業
手袋	手の保護、滑り止め
懐中電灯	床下、小屋裏など暗部の確認

　画像の撮影にはデジタルカメラ、ビデオカメラ、高所カメラを使用し、可能なときはドローンも使います。はしご、脚立などを使うときは、墜落災害防止のためヘルメット、ハーネスなどを着用します。また、事前にバッテリーの確認も行います。

　2m以上の高さの診断は必ず2名で行います。労災保険、傷害保険に加入していることの確認もします。
　特に、屋根の現地診断は高所作業となり危険を伴うので、屋根に上がっての診断が必要なときは、墜落防止処置付きのはしごなどを使用します。

ハーネス（フルハーネス型安全帯）

　フルハーネス型安全帯は、肩や腿（もも）、胸などの複数のベルトで構成される安全帯です。かつて主流だった**胴ベルト型安全帯**は、1本のベルトを胴まわりに巻き付ける構造です。そのため、墜落時の衝撃荷重によって胴ベルトが伸びてゆるみが生じ、胴ベルトがずり上がることによる胸部・腹部への圧迫や抜けによる地面への落下の危険性が指摘されています。多くの国で、胴ベルト型安全帯からフルハーネス型安全帯への移行や使用義務化が進められています。

6-2

建築図面

診断ではまず、新築建設時の**設計図書**を確認します。さらに、メンテナンス工事の詳細記録（見積書・工事仕様書）があればそちらも確認します。

▶▶ 設計図書の役割

設計図書は、建物の設計内容を示すものです。主なものとして、建築物の構造や配置・機能などを示した**建築図面**と、構造材や建材などの種類・材質・品質、施工方法など示した**仕様書**があります。建築図面は、平面図、立面図、矩計図、伏図、給排水設備図などです。

外装の診断において、立面図、平面図、矩計図、仕様書があれば確認します。診断に続いて工事を行う場合は見積書を作成することになりますが、建築図面や仕様書は見積もりにあたっての重要な情報となります。

設計図書の種類と役割

設計図書		役割
仕様書		使用されている材料と規格・施工方法を確認
図面	平面図	間取り、壁の出入りと寸法を確認
	立面図	寸法・デザイン・開口部・付属物の確認
	矩計図	建物の高さ、屋根・軒の勾配、基礎の状況、外壁の通気を確認
	伏図	建物の構造（骨組み）を確認
	その他	図面にない付帯物（庇・サンルーム・外構）を確認

　図面を確認するときは、**モジュール**にも注意します。住宅の寸法モジュールには**尺モジュール**と**mモジュール**があります。尺モジュールでは、柱の芯と芯の距離を1820mm（6尺）とする**関東間**が一般的ですが、柱の内側の距離を1820mmとする**関西間（京間）**もあります。mモジュールでは、柱の芯と芯の距離が1mとなっています。

　図面に柱の芯（中心）の間の距離が示されている場合、外壁などの面積を求めるには、図面の表示寸法に、その部材の幅プラス胴縁など下地材の厚みプラス外壁材の厚みを加える必要があり、数％広い面積となります。見積もり時に、図面に記載されている幅と高さ寸法で面積計算をすると、実際より小さい値となる場合があるので、この点も注意が必要です。

　また、図面の内容と実際の建物とが一部異なっている場合もあります。「工事中に当初の設計から変更になっても最終の図面を作成しない」、「予定の建材が入手できず同等品を使用する」といったこともあるからです。リフォーム時に図面を作成せずに工事を行うこともあります。建物の現状を調査し、図面は参考として確認します。1990年代に建築された建物では、屋根材や外壁材が図面に記載のメーカーや品番と異なり、他メーカーの同等品が使用されていることもよくあります。現場での確認が重要です。図面に記載のない外構（サンルーム、カーポートなど）その他も、必ず現地での確認が必要となります。診断後に工事を行う場合は、外部の電源、水道水栓の確認も行います。

①仕様書

　仕様書には、各部位に使用されている材料の種類・品名・材質や、部品・性能・施工方法などが記載されています。

仕様書

新築工事・建築仕様書

構造

基礎	鉄筋コンクリート造 べた基礎
構造金物	在来軸組工法 建築基準法による金物使用
土台・柱	土台 105角 通柱 120角(4寸) 管柱 105角(3.5寸)
1階・2階床下地	構造用合板 厚24mm

外部仕様

屋根	カラーベスト葺 板板瓦棒葺(コンパネ・アスファルトルーフィング下地)		窓廻り	LIXIL 指定シリーズ
軒裏天井	塗装済軒天ボード		サッシ	アルミサッシ(複ペアガラス)
樋	塩ビ製			FIX窓以外・全ての窓
外壁	窯業系サイディング14mm(15mm厚み+同等・外壁通気工法)		面格子	アルミ製 格子(1Fの窓、FIX窓除く)
バルコニー	床面用FRP防水		雨戸	小窓・FIX窓以外全ての窓 正面のみシャッター雨戸
外構	前面土間コンクリート・3.5寸砕石・サイポスト(指定品)		断熱材	ブチル防水テープ 壁・天井・グラスウール 床・撥水スカールボード
			防湿処理	外壁・アイシング通し・外部通気層取により、黒い、保証制度有り、下記参照
			玄関ドア	LIXIL 指定シリーズ
			玄関ポーチ	磁器質タイル300角

内部仕様

室名	床	巾木	壁	天井	備考
玄関	磁器質タイル300角	化粧木 既製品	ビニールクロス貼り	ビニールクロス貼り	
ホール	フローリング12mm塗装品	化粧木 既製品	ビニールクロス貼り	ビニールクロス貼り	ガラス入り建具1ヶ所 各室上にカーテンレール下地
LDK	フローリング12mm塗装品	化粧木 既製品	ビニールクロス貼り	ビニールクロス貼り	各窓上にカーテンレール下地
洋室	フローリング12mm塗装品	化粧木 既製品	ビニールクロス貼り	ビニールクロス貼り	枕棚+ハンガー
クローゼット	フローリング12mm塗装品	雑巾摺	化粧ボード	化粧ボード	枕棚+中段+ハンガー
和室	畳敷き	ベニヤ	木目調化粧ボード	木目調化粧ボード	大壁仕様
押入	ベニヤ	雑巾摺	化粧ボード	化粧ボード	枕棚+中段 天袋なし
洗面脱衣室	CFシート	化粧木 既製品	ビニールクロス貼り	ビニールクロス貼り	
トイレ	CFシート	化粧木 既製品	ビニールクロス貼り	ビニールクロス貼り	手摺
階段	集成材階段 塗装品		ビニールクロス貼り	ビニールクロス貼り	

設備仕様

住器設備	キッチン	システムキッチン間口=2550 ガスコンロ・食器洗い(乾燥機・庫面塗り止めかけ)
	洗面化粧台	床下収納付(階段下の場合) シャワーハンドル付三面鏡タイプ W=750(鏡面曇り止めかけ)
	ユニットバス	システムバス1616(ガス式追焚暖房乾燥機・カワック)
	給湯機	24号 注湯式(ワンタッチ)湯量制御式給湯器・タオリング
	ガスコンロ	1口コンセント付きガスコンロ
	床暖房	LDK(スック)
ガス設備	キッチン	シングルレバー式混合栓
	洗面室	シングルレバー式混合栓
	浴室	シャワー付混合栓
	洗濯機置き	止水栓付洗濯用サーモ水栓
	外部	散水栓もしくは立水栓

電気設備	インターホン	カラーモニターインターホン	
	火災報知器	LDK・2Fホール・寝室とする各居室	
	換気	排気 トイレ・洗面脱衣室 各室排気ファン 給気 各室壁サッシ給気口にて、常時自然給気換気	
	照明	ダウンライト 玄関・ホール・階段・トイレ 洗面脱衣室 キッチン手元まで 洗面化粧台付 各居室はコーリング式	
	コンセント	LDK3ヶ所、各居室2ヶ所	
		冷蔵庫用・レンジ用 手元用各1ヶ所	
		エアコン用	
		各居室1ヶ所(LDK200v、その他100v)	
	スイッチ	ワイドスイッチ(ホタル機能付き)	外部: 防水コンセント1ヶ所
	電話受口	LDK1ヶ所	
	TV受口	各居室1ヶ所	

瑕疵保険・保証制度・その他

瑕疵保険	(株)住宅あんしん保証 瑕疵保険 瑕疵保険	バルコニー防水保証	10年間保証	白蟻保証	外装通気構法、城東しろあり110年保証制度

出典:(一社)木造住宅塗装リフォーム協会、古畑秀幸作成

②平面図

　平面図は、設計図書の中でも最も基本となる図面です。多くの情報が書き込まれており、施工現場で最も重視されます。平面図には主要部の寸法が記載されていて、外壁の出入り、間取り、部屋の用途、面積、床高、壁の構造、開口部の開き勝手、主要な設備や作り付け家具などが表示されています。平面図の縮尺は100分の1または50分の1で、細部まで詳しく描かれるのが一般的です。立面図ではわかりにくい、外壁面の出入りの情報が記載され、外壁リフォームや塗装工事の際には重要な情報となります。

平面図

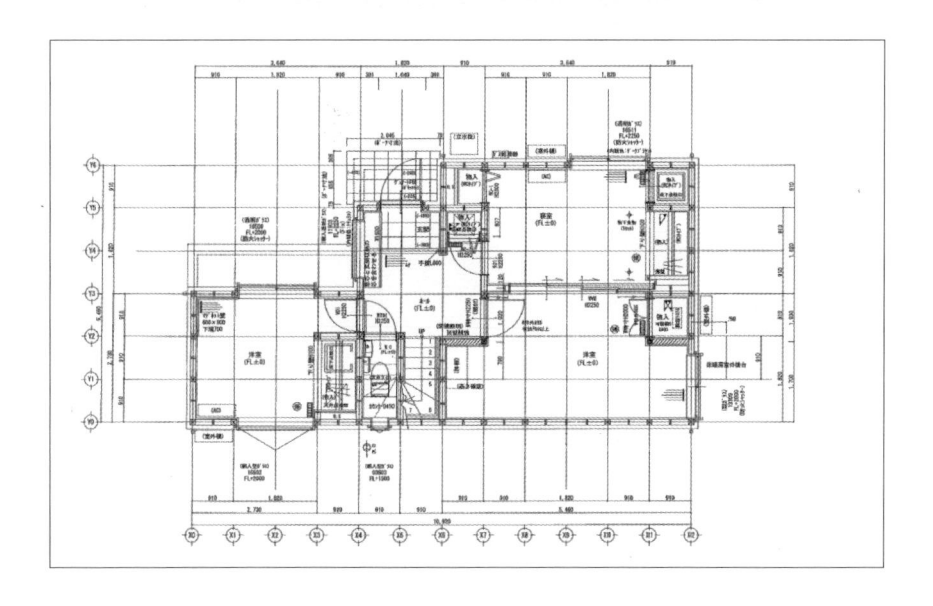

COLUMN

北側斜線

　北側隣地の日照を確保するための制限です。第一種・第二種低層住居専用地域内は、隣地境界線上の5mの高さ、第一種・第二種中高層住居専用地域内は隣地境界線上の10mの高さから、敷地の内側に向けて1mにつき1.25m上がる勾配の内側に、建物の高さを収めます。

③立面図

　立面図は、建物の東西南北の４方向から見た状態を、それぞれ表したものです。建物の外観、高さや幅、屋根の勾配、軒の出、基礎の換気口、地盤面との関係、外部に一部または全部が出ている設備などの情報が記載されています。北側斜線や道路斜線、あるいは高度地区制限などのチェックも立面図で行います。方位によっては軒天の勾配や垂れ壁の裏側、出入りが見えないこともあるので、平面図や矩計図とあわせて確認します。縮尺は一般的には100分の１ですが、50分の１とすることもあります。

立面図

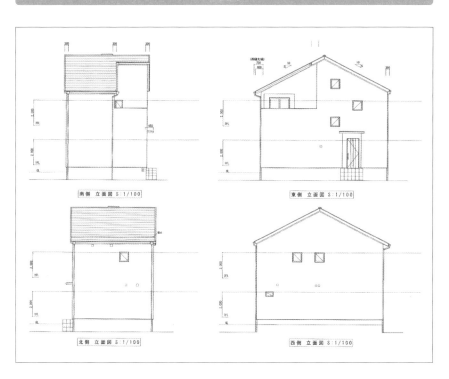

南側 立面図 S:1/100

東側 立面図 S:1/100

北側 立面図 S:1/100

西側 立面図 S:1/100

④矩計図（かなばかり ず）

　矩計図は、建物を垂直方向に切断したイメージで、基礎から軒先、屋根までを含む主要な部分を表し、納まりや寸法などを細かく記入した詳細な断面図です。床や躯体の高さ情報をできるだけ多く含んだ位置で、なおかつ開口部を通過する場所を選んで、断面を表します。こうすることで、各階の主要な横架材の高さを示すことができます。外壁や屋根、バルコニーの仕上材、仕様も明記されています。外壁の外壁通気構法や断熱工法が記載されており、通気の入口・出口などの流れも確認することができます。細かい情報が多く含まれるため、縮尺は20分の1から50分の1で大きく描かれます。

　より詳しくいうと、矩計図には基礎の仕様、基礎の配筋（鉄筋の直径・配置）、床下の状況、各階の床の構造、窓の仕様、壁の構造、断熱材と断熱工法、屋根の構造と勾配、小屋裏の構造なども記載されます。

道路斜線

　道路やその両側の建物の日照・採光・通風を確保するための制限です。敷地が接する道路の反対側の境界線から、住居系の用途地域では1mにつき1.25m、商業系および工業系の用途地域では1mにつき1.5m上がる勾配の内側に、建物の高さを収めなければなりません。なお、建物を前面道路からセットバックさせ、敷地の道路側に空地を設けた場合は、その後退した距離だけ、前面道路の反対側の境界線が向かい側に移動したものとして適用することができます。セットバックとは、道路に面した敷地に建物を建てるとき、道路から少し後退させて建物を建てることをいいます。

高度地区

　用途地域内で、市街地の環境を維持したり土地利用の増進を図ったりするため、建築物の高さの最高限度や最低限度を定めた地区のことです。

矩計図

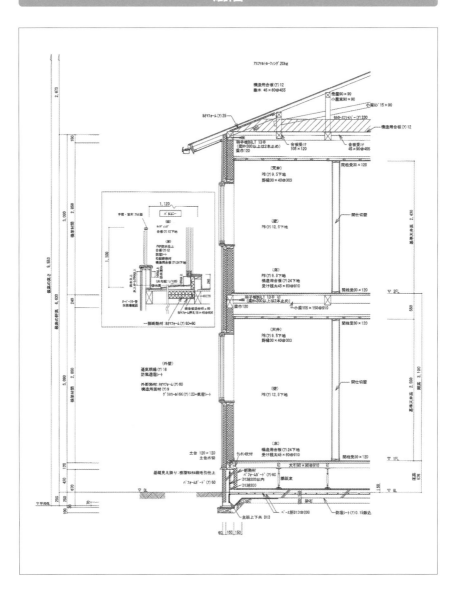

⑤伏図

　各階ごとの構造を平面で示した図面を**伏図**といい、**基礎伏図**、**1階床伏図（土台伏図）**、**2階床伏図**、**小屋伏図**、**屋根伏図**があります。工事後に隠れてしまう建物の構造を確認することができます。構造材、耐力壁や筋かいなどの情報が記載されており、耐震改修工事や増改築工事の際にも貴重な図面です。

　屋根伏図は、建物を真上から見下ろした状態の屋根の形や仕上げなどを、屋根面の平面図のように表しています。棟や軒の位置、勾配がわかります。これらは診断時に役立つ貴重な情報です。

2階床伏図（木造軸組工法）

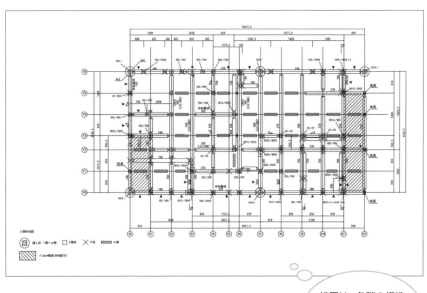

伏図は、各階の構造を平面で表した図面です。

▶▶ 設計図書の活用

　図面を活用する大きなメリットは、診断やそのあとのメンテナンス工事の見積もりをスムーズに進められることです。図面をもとに行う現地での診断では、劣化箇所や状態を図面に記入しながら進めることができます。また、図面で建物全体を見て診断した場所をチェックしながら進めることで、確認の漏れを防ぐことができます。また、写真撮影も撮影箇所を図面に記入しながら行えるため、報告書の作成もスムーズになります。メンテナンス部位の面積と長さ、箇所数などを図面で確実に確認し、見積もり作業を正確でスピーディーに進めることができます。

　診断に先立つ設計図書の確認の際は、まず、図書の作成日や確認済証、工事請負契約書から、建築時期を確認または推定します。建築時期がわかれば、経年期間で劣化状態を想定することもできます。また、石綿の事前調査が必要かどうかを判断する目安となります。次に、軸組工法なのか、それとも2×4工法、RC造なのか、といった構造の確認をします。構造の確認は、屋根・外壁など外装のメンテナンス工事の見積もり時に重要な情報となります。

　現地の建物の診断時には、図面との差異がないかの確認も必ず行います。違いがあれば、図面に寸法、建材、納まりなどの現場の正しい情報を書き加えます。
　正確な面積や長さを確認することで、塗料、シーリング材、建材といった使用材料の無駄を減らすことができ、工事費用を抑える効果もあります。屋根や外壁の構造・施工方法についても、まず図面で確認します。外壁材として窯業サイディング材が使われている場合は、外壁通気構法になっているかどうかを、土台水切り部、軒天部などの部材、納まりで確認します。
　図面を活用できない場合は、屋根や外壁の寸法などをすべて現地で計測し、簡易な図面を作成してから、積算を行うことになります。現地での計測作業を正確に行うためには、2～3人の人員が必要になり、時間もかかります。

第6章　外装の劣化診断

設計図書などから得られる情報	
確認項目	確認する書類・図面
工事時期	設計図書・確認済証
基本構造	設計図書・工事請負契約書
モジュール	設計図書
外装・付属物の材料	立面図・仕様書
下地の構造・材料	伏図・仕様書・矩計図
施工方法	設計図書
メンテナンス履歴	塗装工事などメンテナンス工事請負契約書
各部位の面積・長さなど	平面図・立面図・矩計図

　このように、図面などの設計図書を可能な限り入手することが大切ですので、発注者への初回連絡時には図面等の準備を依頼します。また、診断対象の建物がメンテナンス工事を行っている場合は、そのときの見積書や工事提案書なども確認します。図面等をお預かりするときは、お預かりする図面等の種類を記載した設計図面預かり証をお渡しします。お預かりした図面等は、許可を得た上でコピーをとり、原本はなるべく早くお返しします。

　メンテナンスで塗装や張り替え・カバー工事を行う場合は面積の情報が必要となり、シーリング工事、水切り・板金工事では長さ情報が必要です。雨戸、霧除け、フードなどは箇所数を確認します。
　足場を設ける場合の必要面積を算定する際は、労働安全衛生規則により足場の設置基準が示されているので注意します。外壁からの空き寸法は300mm以下、作業床は幅400mm以上としなければならないため、外壁面より700mmほど外に出て幅が広くなるものとして、長さを計算します。高さ方向は軒先より1〜5m高く計画します。

建物診断の方法

　診断では、劣化の状況を確認するだけでなく、不具合であればその原因は何かを可能な範囲で確認します。原因が不確かなままだと、適切なメンテナンスを実施できないためです。調査は、図面、ヒアリング、目視、測定など多面的に行います。

▶▶ 事前調査・ヒアリング

　ヒアリングでは発注者に対して、雨漏りなど不具合の状況や希望するメンテナンス工事の内容を、**ヒアリングシート**や**調査表**を用いて確認します。設計図書（仕様書、図面など、確認済証）、以前のメンテナンス工事時の診断書、工事請負契約書、見積書、使用された塗料や建材のカタログなども確認します。

　さらに、立地場所や地盤の特性を確認します。地盤の特性については、地名や、周辺に川・沼・池・湖・凹みなどがあるか、電柱の傾斜や道路面の陥没などがないかもチェックします。造成地で、切土や盛土、埋め立てが行われているかどうかも重要です。

　事前調査では、調査表の中で確認できる項目を記入します。

調査表

①基本項目				
外装劣化診断　調査表				

物件名　　　　　　　　　　様邸　／　診断日 R　年　月　日 □天気：　気温：　湿度：
会社名：　　　　　　　担当者：

所在地
　　tel：　　　　fax：　　　／　tel：　　　fax：　　／　携帯：　　　　E-mail＝　　@

建物概要：　方位＝玄関の方位は＝＞　　設計図書＝有・無　／　改修履歴：外壁（なし・あり　年）屋根（なし・あり　年）

新築年月：　昭和・平成　年　　月（築　年）　／　階　数＝　　階　雨漏り＝　有・無　軒の出＝無・有り＝　　mm程度

| 構　造 | 木造・2×4・鉄骨 ／ RC・その他（　） | 新築建設業者： ／ 防火規制＝ | 規模 | 建坪　　坪 | 施工面積 | 外壁　　m² ／ 屋根　　m² |

②外装劣化状況診断チェック項目

（続き）

| 構　造 | RC・その他（　　） | 耐火燃制＝ | 規模 | 延坪　　　坪 | 施工面積 | 外壁 m² / 屋根 m² |

(上部欄：雨漏らせ：有・無　駄かけ・振・寄り＝　mm程度)

②外装劣化状況診断チェック項目

部　位	使用材料	メーカー・商品名・寸法(厚・幅・長さ)・取付法(縦・横／釘・金具)・塗装仕様等
外壁材	①窯業サイディング	
	②モルタル	
	③ALC	
	④金属サイディング	
	⑤その他	
	シーリング	
	石綿使用の可能性	

	工　法	①通気構法　②直張り　③空気層　④不明
	土台水切りと外壁下端の隙間（mm）	
	通気の出口確認＝軒天・妻ガラリ・棟換気	
	胴縁の有無、厚み（mm）	

劣化状況	東　面	西　面	南　面	北　面
塗膜の劣化（退色・チョーキング・ひび割れなど）				
素材の劣化（割れ・欠損・剝離・反り・膨れなど）				
シーリング切れ				
錆・その他				
□写真・VTR撮影＝漏れがないか				

部　位	使用材料	メーカー・商品名・寸法(厚・幅・長さ)・取付法(縦・横／釘・金具)・塗装仕様等
屋根材	①粘土瓦	
	②スレート瓦	
	③金属屋根	
	④コンクリート瓦	
	⑤アスファルトシングル	
	⑥その他	

劣化状況	東　面	西　面	南　面	北　面
塗膜の劣化（退色・変色）				
素材の劣化（割れ・欠損・剝離・反り・膨れなど）				
シーリング切れ				
錆・その他				
□写真・VTR撮影＝漏れがないか				

幕板・破風	セメント系・金属・木	割れ・破損・釘の出・隙間	
付属物	樹脂・金属・他	割れ・破損・釘の出・隙間	
軒天	樹脂・金属・他	藻・カビ・雨筋汚れ（有・無）	
雨樋	セメント系・金属・木	錆　汚染　退色　破損　変形	

その他部位	建物劣化調査＝①構造躯体の劣化（腐朽、破損、手抜き）②雨漏れ跡　内部結露跡
床下の土台	風呂場・洗面所・台所の土台まわり
	木材の濡れ 腐れ：有り・無し
小屋裏	屋根の野地板・垂木の濡れ　腐れ：有り・無し
基礎	ひび割れ＝有り・無し　部位　程度＝幅　＊長さ

その他不具合状況
_____

その他特記事項＝お施主様よりのご意見　ご要望など
□石綿含有＝屋根・外壁・軒天・幕板・内装：不燃天井、床・不燃壁・風呂天井・その他＝
石綿法規制＝大気汚染防止法＜市区町村＞・石綿障害予防規則＜労働基準監督署＞

出典：（一社）木造住宅塗装リフォーム協会、古畑秀幸作成

外装メンテナンス診断　ヒアリングシート

作成日＝2022年10月5日

お客様氏名	外壁　太郎　様（年齢：55才）　NO＝123
携帯電話番号	090-1111-9999　ご自宅電話番号　03-1234-5678
メールアドレス	abc111@zzz.jp
住所	〒123-4567
	東京都墨田区石原1-1-8
新築建設年月	平成13年　10月　築後年数　21年
新築建設業者名	東京工務店
構造	木造軸組　・　(ツーバイフォー)　・　鉄骨
階数	平屋　・　(2階)　・　3階
延べ床面積	35坪
外壁材の種類	(窯業サイディング)　・　モルタル　・　ALC　・　その他⇒
屋根材の種類	粘土瓦　・　(スレート屋根)　・　コンクリート屋根　・　その他⇒

＜ヒアリング内容＞
1. 今回のリフォーム工事のご要望

外壁と屋根の塗り替え　その他劣化部位の補修工事
足場掛け後＝外装全体の劣化の診断を希望　水性の塗料希望

2. 不具合など日頃感じている事

雨漏り　騒音　寒い　羽アリが出た　(窓が結露する)　床が踏み鳴りする　戸当たりが悪い
その他事項⇒自治体の補助金の確認をお願いしたい

3. 近隣との関係～工事車両　足場掛け

良好です

4. 資金計画

自己資金　・　ローン　・　(住宅財形貯蓄)

弊社記入欄

担当者＝古畑　秀幸

※個人情報保護法を遵守いたします。今回の塗装＆リフォーム工事以外には使用しません。

出典：（一社）木造住宅塗装リフォーム協会、古畑秀幸作成

▶▶ 既存住宅売買瑕疵保険の検査基準の活用

新築住宅については、「**住宅品質確保法**」によって、売主に10年間の瑕疵担保責任が義務付けられています。この瑕疵担保責任の履行を確保するのが「**住宅瑕疵担保責任保険**」です。消費者が安心して住宅を取得できるように、「検査」と「保証」がセットになっており、住宅の引き渡し後に「瑕疵に起因して雨漏れが発生した場合」や「基本的な構造耐力性能を満たさないことが発見された場合」は、瑕疵の修理費等が保険金として支払われます。「検査」時の基準が定められており、該当するものが瑕疵と判断されます。売主は、瑕疵保険の検査で該当するものがあれば補修した上で、保険に加入します。

住宅の瑕疵保険には、新築住宅対象の住宅瑕疵担保責任保険の他に、既存住宅の売買を対象とする既存住宅売買瑕疵保険、リフォーム工事を対象とするリフォーム瑕疵保険があります。既存住宅売買瑕疵保険の検査と保証の対象は、新築と同様に「構造耐力上主要な部分」と「雨水の浸入を防止する部分」です。検査部位は外装として基礎、外壁、屋根、軒天、バルコニー、内装では床・内壁・天井、床下、小屋裏です。構造耐力に関しては、基礎のひび割れの有無、居室の柱・床の著しい傾斜の有無、基礎・土台の劣化状況の確認などを行います。木材の蟻害や腐朽についての確認も行います。防水に関しては、シーリング、防水層の劣化状況や、雨漏りの跡、見える範囲での屋根の破損の有無の確認などを行います。検査は、建物の外周、内部の目視にて行い、各種の検査機器を使って確認を行います。

外装の劣化診断やメンテナンス工事を行う場合も、事前に「**既存住宅売買瑕疵保険の検査基準**」に基づく診断を行うことが大切です。検査基準に従って診断を行うことで、瑕疵なのか劣化なのかの判断を行うことができ、適切な補修工事の実施ならびに工事後の不具合やトラブルの防止につながります。

例えば、「外装の診断で外壁のひび割れを発見して補修を行い、外壁全面のメンテナンスとして塗装工事を行ったのに、すぐにひび割れが再発した」とします。発注者は補修工事が適切でなかったと考え、クレームになるかもしれません。しかし、建物をよく見てみると、その外壁の下付近の基礎に、瑕疵に該当する亀裂が発生していた、または床の傾きが発生していたとします。

　そうすると、「地盤の不同沈下により建物の亀裂や傾きが発生し、その影響で外壁にひび割れが発生した」という可能性も考えられます。このようなことを防ぐために、外装の劣化診断でも既存住宅売買瑕疵保険の検査基準を活用します。

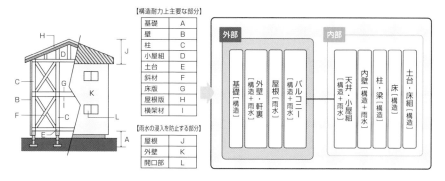

既存住宅売買瑕疵保険の検査部位（木造戸建住宅）

出典：国土交通省：保険加入時の検査の概要
https://www.mlit.go.jp/common/001254124.pdf

既存住宅売買瑕疵保険　検査基準の解説

　既存住宅売買およびリフォーム工事における瑕疵担保責任保険の開始（2010年4月）に伴い、一般社団法人住宅瑕疵担保責任保険協会では、住宅事業者等および住宅瑕疵担保責任保険法人の検査員を対象とした無料の講習会を全国で行いました。このときに使用された「住宅瑕疵担保責任保険［現場検査］講習テキスト」（国土交通省住宅局）が、同協会のホームページで公開されています（※）。

　このテキストでは、既存住宅の現況の検査方法について体系的に整理されています。特に「第3章　既存住宅売買瑕疵保険　検査基準の解説」は、戸建住宅の建物診断に役立ちます。

※講習テキストのダウンロードページ（一般社団法人瑕疵担保責任保険協会）
　https://www.kashihoken.or.jp/about/books/text.html

第6章　外装の劣化診断

木造一戸建住宅の劣化事象等の例

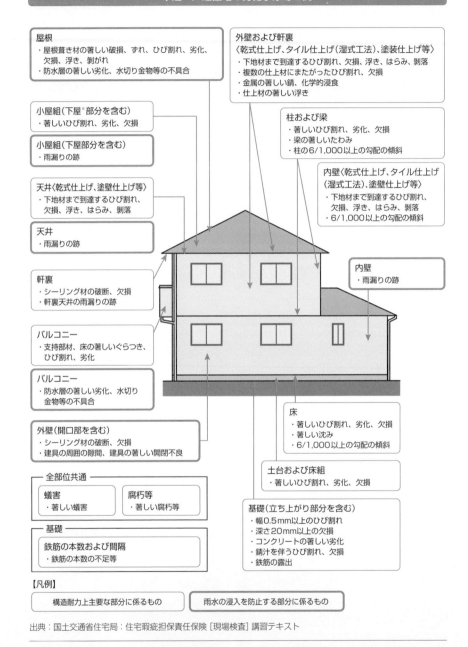

屋根
・屋根葺き材の著しい破損、ずれ、ひび割れ、劣化、欠損、浮き、剥がれ
・防水層の著しい劣化、水切り金物等の不具合

外壁および軒裏
〈乾式仕上げ、タイル仕上げ（湿式工法）、塗装仕上げ等〉
・下地材まで到達するひび割れ、欠損、浮き、はらみ、剥落
・複数の仕上材にまたがったひび割れ、欠損
・金属の著しい錆び、化学的浸食
・仕上材の著しい浮き

小屋組（下屋*部分を含む）
・著しいひび割れ、劣化、欠損

小屋組（下屋部分を含む）
・雨漏りの跡

柱および梁
・著しいひび割れ、劣化、欠損
・梁の著しいたわみ
・柱の6/1,000以上の勾配の傾斜

天井〈乾式仕上げ、塗壁仕上げ等〉
・下地材まで到達するひび割れ、欠損、浮き、はらみ、剥落

内壁〈乾式仕上げ、タイル仕上げ（湿式工法）、塗壁仕上げ等〉
・下地材まで到達するひび割れ、欠損、浮き、はらみ、剥落
・6/1,000以上の勾配の傾斜

天井
・雨漏りの跡

内壁
・雨漏りの跡

軒裏
・シーリング材の破断、欠損
・軒裏天井の雨漏りの跡

バルコニー
・支持部材、床の著しいぐらつき、ひび割れ、劣化

バルコニー
・防水層の著しい劣化、水切り金物等の不具合

外壁（開口部を含む）
・シーリング材の破断、欠損
・建具の周囲の隙間、建具の著しい開閉不良

床
・著しいひび割れ、劣化、欠損
・著しい沈み
・6/1,000以上の勾配の傾斜

土台および床組
・著しいひび割れ、劣化、欠損

─ 全部位共通 ─
蟻害
・著しい蟻害
腐朽等
・著しい腐朽等

─ 基礎 ─
鉄筋の本数および間隔
・鉄筋の本数の不足等

基礎（立ち上がり部分を含む）
・幅0.5mm以上のひび割れ
・深さ20mm以上の欠損
・コンクリートの著しい劣化
・錆汁を伴うひび割れ、欠損
・鉄筋の露出

【凡例】
| 構造耐力上主要な部分に係るもの | 雨水の浸入を防止する部分に係るもの |

出典：国土交通省住宅局：住宅瑕疵担保責任保険 [現場検査] 講習テキスト

***下屋** メインの屋根から下がった位置にある屋根のことです。総2階でない2階建住宅では1階の屋根が下屋になります。

　新築から10年以内の建物の診断で、検査基準の瑕疵に該当する不具合が発見された場合は、新築時の瑕疵保険で補修費用をまかなうことができる可能性もあるため、発注者への説明も大切です。

▶▶ 基礎の診断

　基礎の診断では、基礎（立ち上がり部分を含む）の外側と床下の部分について、次の劣化事象等を確認します。

①幅0.5mm以上のひび割れ

　空気・水分が浸入し、鉄筋の腐食を発生させる要因となります。放置するとコンクリート躯体の劣化を促進させるため、構造耐力上の観点から劣化事象になります。

②深さ20mm以上の欠損

　空気・水分が浸入し、鉄筋の腐食を発生させる要因となります。すでにコンクリート躯体に何らかの劣化が生じている可能性が高いと判断され、構造耐力上の観点から劣化事象になります。

③コンクリートの著しい劣化

　幅0.5mm未満のひび割れや深さ20mm未満の欠損であっても、それが広範囲に及ぶ状態は、①や②と同等の劣化になります。

④錆汁を伴うひび割れまたは欠損

　ひび割れが鉄筋まで到達しているために、水が浸入して鉄筋の腐食を促進させることが懸念されるため、劣化事象になります。

⑤鉄筋の露出

　鉄筋が露出している状態では、当該露出鉄筋に加えて内部の鉄筋の劣化も懸念されるため、劣化事象になります。

基礎のひび割れ（クラックスケールにより幅1.5mmを確認）

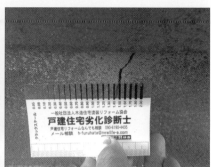

出典：（一社）木造住宅塗装リフォーム協会、古畑秀幸撮影

　検査箇所は、外部については「基礎の立ち上がり外周部で目視可能な範囲」とし、内部については「床下点検口からのぞき込んで目視可能な範囲」とします。内部の計測の範囲は、点検口などから手の届く範囲です。検査に使う機器は、クラックスケール、メジャー、定規などです。懐中電灯などの照明やマスクも準備します。

　検査の手順としては、床下点検口の位置を確認し、目視により①～⑤の劣化事象等を確認し、①・②が認められた場合は計測を行います。①ひび割れの幅はクラックスケールで計測し、②欠損の深さは定規などで計測します。

　検査のポイントですが、床下換気口などの基礎の開口部まわりはひび割れが生じやすいといえます。また、地盤の弱い部分が比較的多い擁壁や崖側、さらに基礎の底盤や天端に段差のある部分には、劣化事象等が生じやすくなっています。外壁および軒裏の検査と同時に行うと効率的です。

　点検口がない場合の検査や、点検口の新設および使用不能の点検口の修復は、施主と相談し実施します。点検口（床下・小屋裏）の設置義務は、2000（平成12）年4月施行の住宅品質確保法にて規定されています。

　基礎表面をモルタルで仕上げている場合は、基礎の躯体本体の劣化事象が隠れていることもあるので、注意が必要です。

▶▶▶ 外壁の診断

　外壁の診断では、最初に外壁材の種類を確認します。戸建住宅では7割が窯業サイディング、金属サイディングとモルタルが1割、残りがALCなどとなっています。診断では、以下のような劣化事象を目視で確認します。

　ここで紹介する写真の中には外壁の激しい劣化が見られるものもありますが、いずれも実際に発生している事例です。

①表層の著しい剥離

　窯業サイディングとALCでは、素材表面の剥離が発生することがあります。表面の塗膜だけで発生する軽度の剥離もあれば、凍害などで素材が大きく剥離する劣化もあります。素材自体の剥離は、外壁の通気構法ができていない場合によく見られます。

窯業サイディングの表面剥離

出典：（一社）木造住宅塗装リフォーム協会、古畑秀幸撮影

②複数の仕上材にまたがったひび割れまたは欠損

　次ページ（上）の写真の事例では、窯業サイディング2枚以上にまたがって、ほぼ同じ位置を貫通する割れが発生しています。

窯業サイディングに連続して発生した割れ

複数の仕上材にまたがって、ほぼ同じ位置を貫通する割れが複数発生しています。

出典：（一社）木造住宅塗装リフォーム協会、古畑秀幸撮影

窯業サイディングの出隅部材の割れ

出隅部材の接着部分に割れが発生しています。

阿部守撮影

③金属の著しい錆または化学的浸食

　土台水切り、笠木、屋根の板金部材の激しい錆や、サッシなどアルミ部材の腐食、変色などが発生していることがあります。

④シーリング材の破断または欠損

　外壁材間の目地だけでなく、窓の周囲のシーリングに隙間が生じていることもあります。

シーリング材の破断

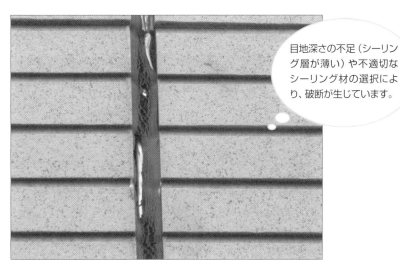

目地深さの不足（シーリング層が薄い）や不適切なシーリング材の選択により、破断が生じています。

出典：（一社）木造住宅塗装リフォーム協会、古畑秀幸撮影

⑤外壁等下地材まで達するひび割れ、欠損、浮き、はらみまたは剥落

　タイルの浮きや剥がれが生じていることもあります。

タイルの剥がれ

モルタル外壁へのタイルの接着不良により、タイル裏面に雨水が浸入して、剥がれが拡大しています。

出典：（一社）木造住宅塗装リフォーム協会、古畑秀幸撮影

　特に南面・西面の外壁は日当たりがよい場合が多く、外壁材にとって厳しい環境です。外壁材の変形が生じていることもあります。

窯業サイディングの膨れ変形（バルコニー部）

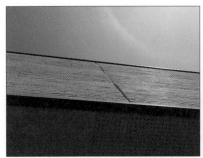

出典：（一社）木造住宅塗装リフォーム協会、
　　　古畑秀幸撮影

阿部守撮影

⑥著しい蟻害・腐朽等または腐食

外壁にもイエシロアリの被害が生じていることがあります。

イエシロアリによる外部木部の蟻害

基礎の外からイエシロアリが登り、外壁の木部を侵食しながら2階まで上がっています。

出典：(一社) 木造住宅塗装リフォーム協会、古畑秀幸撮影

⑦仕上材の著しい浮き

モルタル外壁の仕上材の浮きとひび割れ

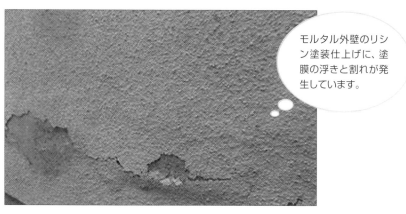

モルタル外壁のリシン塗装仕上げに、塗膜の浮きと割れが発生しています。

出典：(一社) 木造住宅塗装リフォーム協会、古畑秀幸撮影

第6章　外装の劣化診断

⑧塗膜の劣化、チョーキング現象

塗膜の劣化

▼窯業サイディングの塗装の退色

▼窯業サイディングの塗膜チョーキング

出典：(一社) 木造住宅塗装リフォーム協会、古畑秀幸撮影

⑨その他の注意箇所

劣化事象が発生しやすい箇所は、筋かいなどを用いた耐力壁が配置されることの多い、外壁面の両端部ならびに中央部です。耐力壁には地震時に大きな力がかかり、そのひずみが外壁にも伝わるためです。基礎や土台に劣化事象等が生じている場合は、その周辺の外壁に劣化事象等が生じやすくなっています。基礎や土台の劣化・損傷は、外壁に想定外の力を加える要因になります。

樋の破損が生じている場合は、その周辺の外壁に劣化が生じやすくなっています。診断は晴天・曇天時に行いますが、雨天時に樋から雨水が飛び出して外壁にかかっている状態をイメージして調査します。窯業サイディングやALCでは材料端部の劣化、金属サイディングや金属板では小口、水切り部分の錆にも注意します。

開口部まわりは、ひび割れが発生しやすく雨水が浸入しやすい部分です。モルタル壁では、ひび割れが雨漏りにつながる可能性が高くなります。室内から確認して、窓台・敷居の雨漏りの跡や腐食、窓枠周辺の水染みなどがある場合は、外壁からの雨漏りを疑います。雨樋の周辺に詰まりがある場合は、固定金具から雨水が浸入しやすくなります。

モルタル外壁の開口部まわりのひび割れ

モルタル外壁の開口部まわりに、ひび割れが発生しています。

阿部守撮影

（一社）住宅瑕疵担保責任保険協会の調査によると、軒の出のない建物では、軒の出のある建物に比べて雨漏り件数が５倍にもなることが確認されています。軒の出がないもしくは少ない部分の外壁調査には注意が必要です。外壁の検査は、基礎や屋根の検査と同時に行うと効率的です。

▶▶ 屋根の診断

　屋根の診断では、最初に屋根材の種類を確認します。一番多いのは粘土瓦です。次いでスレート瓦、セメント瓦、金属屋根、アスファルトシングルなどです。

　診断の検査対象は、屋根、下屋、庇の屋根です。陸屋根のうち、日常的にバルコニーや通路として利用しない部分も対象となります。診断は、目視や高所カメラによって行います。使用可能なときはドローンを使います。屋根の形状や軒の形・出寸法、勾配なども確認します。

　屋根の劣化事象は、屋根葺き材の著しい破損、ずれ、ひび割れ、劣化、欠損、塗膜の浮きまたは剥がれなどです。本来あるべき位置から屋根材がずれて移動している、欠損が生じている、下葺き材（ルーフィング等）が露出している、屋根材を貫通するひび割れがある、金属屋根に錆が認められる、といった場合は、雨水の浸入による下地材等の劣化が進んでいると推定されます。

　これらの劣化事象は、1カ所でも確認されれば、ほかにも同様の事象が生じている可能性が高くなるので、注意深く確認します。

　棟包み、ケラバ、谷樋といった板金の役物に関しては、錆に加えて、留め付けの釘・ビス、防水シーリングの劣化を確認します。谷が多い形状の屋根では板金部材の劣化による漏水が生じやすいため、確認が必要です。

　そして、室内の小屋裏から屋根下地の野地板、垂木の雨染み、蟻害などを確認します。

屋根のずれ

スレート瓦の塗膜の剥がれ

スレート瓦の表面塗装は、経年劣化で塗膜が薄くなったり剥がれたりします。

出典：（一社）木造住宅塗装リフォーム協会、古畑秀幸撮影

　陸屋根の場合は、防水層の著しい劣化や水切り金物等の不具合を確認します。「防水層の破断が下地まで到達している」、「防水層の端部金物やシーリング材が破損している」、「当該部分が大きく開いている」などは、雨水の浸入による下地材等の劣化が想定されます。

シート防水の劣化と破れ

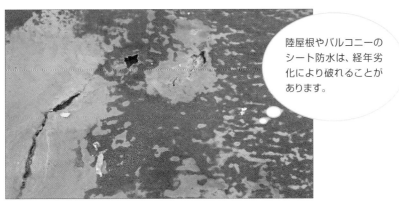

陸屋根やバルコニーのシート防水は、経年劣化により破れることがあります。

出典：（一社）木造住宅塗装リフォーム協会、古畑秀幸撮影

第6章　外装の劣化診断

　安全上の注意事項として、屋根の診断の際は、墜落防止措置なしに1人だけで屋根へ上がることは避けます。

粘土瓦の脱落と漆喰の劣化

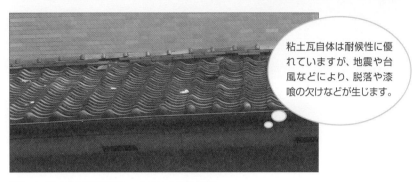

粘土瓦自体は耐候性に優れていますが、地震や台風などにより、脱落や漆喰の欠けなどが生じます。

出典：（一社）木造住宅塗装リフォーム協会、古畑秀幸撮影

　次の写真では、スレート瓦に退色だけでなく、割れが生じています。素材の剥離が発生していることもあります。

スレート瓦の割れ

無石綿基材への切り替え直後のスレート瓦には、割れが見られることがあります。

出典：（一社）木造住宅塗装リフォーム協会、古畑秀幸撮影

スレート瓦の素材の剥離

一部のスレート瓦には、経年劣化により剥離が発生することがあります。

出典：（一社）木造住宅塗装リフォーム協会、古畑秀幸撮影

次の写真では、セメント瓦で、表層の塗膜とその下のスラリー層が劣化しています。

セメント瓦（モニエル瓦）の劣化

モニエル瓦の経年劣化により、着色スラリー層の細かな剥離が発生しています。

出典：（一社）木造住宅塗装リフォーム協会、古畑秀幸撮影

第6章　外装の劣化診断

▶▶ バルコニーの診断

　バルコニー（庇付きのベランダを含む）には2つの種類があります。1つは、建物の構造と一体となった**造作バルコニー**です。もう1つは、外壁に金属製のブラケットを介して接続したアルミ製の**外付けバルコニー**です。

　造作バルコニーの診断では、建物との接続部や床のぐらつき、防水層の劣化やひび割れ、欠損などを確認します。

バルコニー床のFRP防水のひび割れ

FPR防水では、経年劣化によって表面にひび割れが発生することがあります。

出典：（一社）木造住宅塗装リフォーム協会、古畑秀幸撮影

　造作バルコニーの床防水は、**FRP防水**または**シート防水**にて行われます。床の防水材は、経年劣化あるいはバルコニー内の歩行や地震による振動などで、ひび割れが発生することがあります。バルコニーの下に部屋がある場合、ひび割れから室内に漏水する恐れがあります。

　バルコニーでは手すり壁上部の笠木部分も雨水が浸入しやすい部位です。腰壁の外壁材の劣化状態を確認し、劣化が認められるときは笠木を取り外して下地の木材と外壁材の劣化の確認を行います。劣化が認められるときは補修が必要です。バルコニーに出入りする掃き出しサッシの下は、防水層の立ち上がりが少ない箇所です。シーリングと防水立ち上がりの劣化による雨水浸入のリスクが高い場所なので、特に注意が必要です。

バルコニー腰壁の下地木部の腐朽

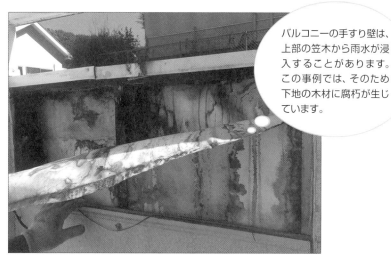

バルコニーの手すり壁は、上部の笠木から雨水が浸入することがあります。この事例では、そのため下地の木材に腐朽が生じています。

出典：（一社）木造住宅塗装リフォーム協会、古畑秀幸撮影

バルコニーの手すり壁と建物の外壁が接合している箇所は、立体的になっているため、下地の防水紙を連続して施工するのが困難な部位です。雨水の浸入が多いので、特に注意が必要です。

笠木の劣化や隙間、防水シールの劣化、排水口の詰まり、排水口からの水漏れなどの確認を行います。ほこりや泥、枯れ葉などが詰まって排水口の流れが悪くなると、大雨の際にバルコニー全体がプール状態になり、室内に雨水が浸入することになります。定期的な清掃・点検が必要です。バルコニーの室内側となる内壁や1階天井にも、漏水跡のシミがないことを確認します。異常があるときは、雨水浸入部位と原因の調査を行い、補修工事を提案します。

バルコニーの手すり壁と外壁の接続部

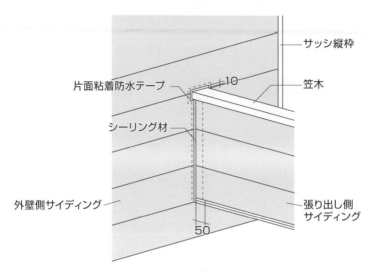

※窯業サイディングとバルコニーとの取り合いは、捨て水切り、防水テープ、捨て入隅などで十分な雨仕舞をする。
※笠木は外勾配にはしないこと。

出典：（一社）日本窯業外装材協会：不具合はなぜ起こるのか

　外付けバルコニーの場合、金属製のブラケットで外壁に接合している部分は雨水浸入のリスクが高いので、注意が必要です。金属製ブラケットを取り付けているボルトのがたつきや防水シールの状態を確認します。

▶▶ 記録と報告

①準備

計測機器類を準備します。

デジタルカメラ、ビデオカメラ、三脚、照明、フラッシュ、コンベックス（スチール製のメジャー）、クラックスケール、記録用白板、水平器／レーザーレベラー、含水率計、打診棒、金尺、高所カメラ、ドローン（使用する場合は許可を取得する）、下げ振り、懐中電灯、ヘルメット、軍手、スリッパなどです。事前の充電、予備バッテリーの準備をしておきます。

図面を確認して、調査票やヒアリングシートを準備し、事前調査やヒアリングをしておきます。

②現場診断

現場を確認します。ドローンおよび高所カメラなどを使用する場合は、近隣への挨拶を行い了解を得ます。調査表の診断チェック項目（p.166）に基づき、漏れのない診断・計測と写真撮影を行います。

調査写真の撮影にあたっては、必要な事項を記載した白板を撮影対象とともに写し込みます。建物名、撮影部位、寸法、建材、仕上げの状況、撮影日時、劣化状況、撮影者名などです。写真撮影においては、ハレーションを防止するため、反射光を受けない角度で撮影します。暗い部分の撮影では、フラッシュや照明を使用し、明瞭に撮影します。デジタルカメラを使用する場合は、撮影画像に日付が入る設定にして撮影します。「**営繕工事写真撮影要領**」（国土交通大臣官房官庁営繕部）が参考になります。

③診断報告書の作成

診断報告書では、外装各部位の劣化状況について、写真をつけて説明を記載します。劣化の事象とその原因についても詳しく、わかりやすく説明します。診断報告書においては、診断結果を第三者として客観的に説明することが重要です。作成した診断報告書をもとに、劣化を補修する方法の選定および消費者の希望する塗装やリフォーム工事との調整を行います。

第6章 外装の劣化診断

建物診断報告書

○○　　○○様

現場調査日	2023年○月○日
資料作成日	2023年○月○日

| 対象部位 | 屋根 |

診断結果・メンテナンスの提案

屋根は経年劣化が進んでいます。塗装によるメンテナンスが可能です（塗装せず劣化がもっと進んだところで葺き替える選択もあります）。破損した瓦は補修して塗装します。また、瓦（富士スレート　セラウッディ27）にはアスベストは使用されていません。

P.1

対象部位	外壁

診断結果・メンテナンスの提案

表面が仕上塗材で仕上げられており、経年劣化は進んでいます。表面が剥離している箇所、微細な
ひび割れが発生している箇所があり、また、塗膜が劣化していることで防水性能もなくなってい
ます。仕上塗材はアスベスト（石綿）を含有しているので、削除や剥離を必要とする工事では石綿
の飛散防止対策が必要となります。現状であれば塗装工事（石綿飛散防止対策は不要）でのメンテ
ナンスが可能です。早めに塗装されることをおすすめします。

P.2

○○ ○○ 様

対象部位	破風・鼻隠し

診断結果・メンテナンスの提案

経年劣化が進行しており表面塗装に剥離が見られます。また、雨などがよく当たる箇所の劣化の進行は著しく、一部に欠落箇所があります。石綿を含有しない建材の可能性はありますが、製品型番の特定が難しく、交換する場合は石綿含有建材としての取り扱いが必要になります。欠落箇所には新しい破風板を取り付け、既存の破風は塗装によるメンテナンスをおすすめします（この方法の場合は、石綿飛散防止対策を必要とする工事に該当しません）。

P.3

○○　○○ 様

対象部位	軒天

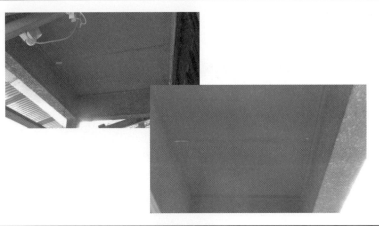

診断結果・メンテナンスの提案

経年劣化により表面の塗装が劣化しています。破損箇所などはなく、交換などの補修は必要ありません。外壁の塗装の際にあわせて塗装を行うことをおすすめします。なお、塗装を行う場合は浸湿性のある軒天用の塗料を選択することをおすすめします。

P.4

6-4

メンテナンス工事の事前調査

診断後に**メンテナンス工事**を受注する場合は、工事を行うことを想定して、事前にここで述べる調査も行います。

▶▶ 法令への適合の確認

建物の用途や地域が、建築基準法や都市計画法などの法律に適合しているかどうかの確認を行います。

また、屋根や外壁でカバー工法による工事を行うと、建物荷重の増加により耐震性が低下するので、下地構造体の劣化状況や耐震性能の確認を行います。

メンテナンス工事に加えて増改築を行う場合は、建築確認申請が必要になることがあります。

2025年の**建築基準法改正**により、構造体を残して実施する場合でも、外装（屋根、外壁）、内装の全面的な取り換え工事とカバー工法は、確認申請が必要になります。

また、屋根、外壁・軒天、窓に関しては防火規制があるので、その確認も必要となります。延焼の恐れのある範囲（1階では隣地境界線および道路中心線より3m、2階以上で5m）は、不燃材を使用するか防火構造としなければなりません。内装では火を使う台所について、2階建ての1階に台所があるとき1階の壁・天井に内装制限（不燃材など）の規制がかかります。

着工が2006（平成18）年8月31日以前の建物は、工事内容が石綿の事前調査の対象とならない場合を除いて、工事の対象となるすべての建材について、石綿使用の有無の事前調査が必要です。事前調査としては、仕様書や図面を確認する書面調査、および現地で実際の建材を確認する現地調査を行います。調査結果は書面で工事の発注者に報告し、工事の金額が100万円（税込み）以上の場合は、事前調査の結果を都道府県知事と管轄の労働基準監督署に報告します。

▶▶ メンテナンスニーズの確認

　外装のメンテナンスを行う場合は、発注者側の家族で色彩やデザインを含む施工内容について話し合っていただくことも大切です。家族全員の参加を促し、要望事項を確認します。

　よくあるトラブルとして、「仕上がりが思っていたものと違う」「約束通りのことがなされていない」「最終金額が増えた」「近隣から苦情が来た」「工事日・完了日が大幅に遅れた」などがあるので、トラブル防止のためにも十分な注意と事前対策が必要です。資金計画では、ローン、補助金などの活用についても確認します。

　発注者からの各種の要望事項および法規制への対処などについて総合的に検討を行い、その結果を発注者に説明することが必要です。

▶▶ 工事にあたっての注意

　外部足場を設置する外壁塗装やリフォームの工事中、発注者側はふだんと異なる生活を強いられるために、ストレスも感じやすくなります。また、雨天などの影響で工期が延びることもあります。遅れから来るトラブルにも注意が必要です。スケジュールには余裕を持たせ、例えば雨天や低温、日射不足による塗装工事の遅延など、工事の進捗に関して発注者への報連相（ほうれんそう）を毎日確実に実施します。敷地内に置いてある物品、植栽、外構の扱いについても発注者に確認します。

　近隣住民との関係についても事前に確認します。塗装工事や防蟻工事では「臭気」が出ることもあるので、「寝たきりの方」「赤ちゃん」「化学物質過敏症の方」などもできる限り事前ヒアリングにて確認します。近隣でトラブルになった事例を把握しておくことも、トラブル防止に役立ちます。

　工事車両の駐車・停車場所の確認、資材置き場の確認、仮設トイレの設置や近隣でトイレが使える場所の確認も必要です。

第**7**章

外装の劣化診断を
行う資格

　本書は、外装劣化診断士試験の標準テキストでもあります。
ここでは、外装劣化診断士試験およびその他の建物診断の資
格について解説します。

7-1

外装劣化診断士

外装のメンテナンスにおいては、専門知識を持つ技術者が適切な診断を行うことが大切です。ここでは、外装劣化診断士の資格について解説します。本書は外装劣化診断士試験の標準テキストでもあります。

▶▶ 外装劣化診断士とは

住宅の維持管理において、診断は欠くことのできない重要な業務です。特に需要の多い住宅外装のメンテナンスにおいて、劣化状況の基本的な調査・診断を行い、その結果に基づいて消費者の立場から適切なメンテナンスの提案を行う人材の育成が求められていました。

そこで、(一社) 住宅保全推進協会により 2012 (平成24) 年に創設されたのが外装劣化診断士資格です。2022 (令和4) 年までに 74 回の試験が行われ、のべ2335名が受験し、1769名が合格 (合格率75%) しています。

2023 (令和5) 年7月に (一社) 住宅保全推進協会が (一財) 塗装品質機構と統合されるのに伴い、試験実施団体名がすでに (一財) 塗装品質機構に変わっています。

①外装劣化診断士の業務

外装劣化診断士の業務は、「①建物の各部位の劣化状況と雨水の浸入や漏水のリスクについて診断する」、「②診断結果に基づき、建物の維持管理について適切な対処の方針を提示する」というものです。

診断では、まず建築図面などで建物の基本的な情報を確認します。次に、建物各部位の建材の種類を特定して、劣化状況を目視や適切な機器を使用するなどして確認します。漏水のリスクがある箇所では、劣化状況の確認とともに、雨水の浸入や漏水の可能性の有無を確認します。建物全体の診断を終えたのち、建物の現況と適切な維持管理の方針・方法を報告としてまとめ、消費者に説明します。

②外装劣化診断士の社会的責任と心構え

　外装劣化診断士は、建物の客観的情報を消費者に対して正確かつわかりやすく伝えるのが重要な役割です。消費者が適切な判断と自由な選択を行える状態にすることが必要であり、自己の判断や解釈を消費者に押し付けてはいけません。

　消費者は、外装劣化診断士の専門性と客観性を信じて、外装劣化診断士の報告を受け入れ、判断します。したがって、建物の診断結果の報告にあたっては、消費者が理解しやすい平易な言葉を使用し、専門用語には解説をつける、写真等の画像・映像を効果的に使用するといった工夫が必要です。報告は口頭ではなく、報告書などの書面で行うことが重要です。診断時には劣化箇所の写真を必ず撮影しておき、報告書に添付します。

　自らが工事の提案を行い受注する立場だとしても、受注に有利となるように報告内容を恣意的に変更してはなりません。外装劣化診断士は、消費者との信頼関係を維持し、消費者の利益を優先して、客観的な視点で診断結果の報告をすることが大切です。

▶▶ 外装劣化診断士試験

　外装劣化診断士試験は、このような外装劣化診断士の業務を行う上で必要となる知識を、試験で評価するものです。住宅を構成する基本的な構造と材料、外壁と屋根の劣化とメンテナンス、関連法規などが試験範囲です。

①受験資格

　どなたでも受験できますが、おおむね次のような方を対象としています。

・建設業または不動産業での実務経験が3年以上の方
・建築士、宅建士などの資格を有する方

第7章　外装の劣化診断を行う資格

②試験科目

本書自体が外装劣化診断士試験の標準テキストでもあり、試験科目をカバーしています。主な試験内容は次の通りです。

住宅の維持管理の重要性と課題、外装の材料とメンテナンスの時期

外装のメンテナンス方法、住宅工法の種類と特徴、外装にかかわる主要構造

塗料と塗装（品質管理、塗装工事基準）、外装の劣化診断

外装の劣化診断を行う資格、業者の選び方、関連法規

③試験概要・合格基準

試験時間：120分、出題形式：四肢択一方式

出題数：100問（1問1点）、合格基準：70点以上

外装劣化診断士試験問題例

参考問題1

建物外壁の診断に関する次の文章の（　）内に入る語句の組み合わせとして、正しいものを選びなさい。

外壁の劣化状況の診断は主に（ア）によって行います。外壁材が（イ）の場合は、目地部分のシーリング材の状態も（ア）によって確認します。外壁材が（ウ）の場合、仕上材の浮きは打診または目視によって確認します。

①ア. 目視　　イ. モルタル壁　　　　ウ. モルタル壁

②ア. 打診　　イ. モルタル壁　　　　ウ. 窯業サイディング

③ア. 目視　　イ. 窯業サイディング　ウ. モルタル壁

④ア. 打診　　イ. 窯業サイディング　ウ. 窯業サイディング

正解と解説

正解：③

正しい文章は次のようになります。

外壁の劣化状況の診断は主に（目視）によって行います。外壁材が（窯業サイディング）の場合は、目地部分のシーリング材の状態も（目視）によって確認します。外壁材が（モルタル、壁）の場合、仕上材の浮きは打診または目視によって確認します。

したがって、アは「目視」、イは「窯業サイディング」、ウは「モルタル壁」であり、③が正解となります。

参考問題２

外装のメンテナンスに関する次のa〜dの記述のうち、適切なものはいくつあるか、選択肢から選びなさい。

a. 太陽光の日射の影響は紫外線だけで、温度上昇の影響は受けない。
b. 外装のメンテナンスをするためには、まずどのような材料が用いられているかを確認することが必要である。
c. 外壁材の種類は、一般的な戸建住宅の場合、窯業サイディングが７割以上のシェアを占めている。
d. モルタルは乾式工法による仕上げで、耐火性・耐久性に優れている。

①1つ　　②2つ　　③3つ　　④4つ

正解と解説

正解：②

　aは正しくない記述です。正しくは「太陽光の日射の影響は紫外線だけではなく、温度上昇の影響も受ける」となります。

　bは正しい記述です。

　cは正しい記述です。

　dは正しくない記述です。正しくは「モルタルは湿式工法による仕上げで、耐火性・耐久性に優れている」となります。

　よって、適切な記述はbとcの２つであり、②が正解となります。

参考問題３

　外壁材の見分け方に関する次の記述のうち、不適切なものを選びなさい。

①木材の外壁は、外観や触った感触で判断する。建材が釘打ちで取り付けられていることが多い。

②ALCは四周の継ぎ目にシーリングされており、ボード１枚の大きさは窯業サイディングよりALCの方が小さい。

③窯業サイディング外壁は、下端部に土台水切りがついておらず、サッシ周りまでモルタルが塗り込まれている。

④セメント瓦とモニエル瓦の区別は、小口（厚みの部分）を目視して判断する。モニエル瓦は小口が凸凹になっている。

正解と解説

正解：③

①は正しい記述です。
②は正しい記述です。
③はモルタル外壁の特徴なので、正しい記述は次の通りです。

　　モルタル外壁は、下端部に土台水切りがついておらず、サッシ周りまでモルタルが塗り込まれている。

④は正しい記述です。

よって、③が正解となります。

参考問題4

　次の文章は、平成21年2月12日付で業務停止命令を受けたリフォーム業者の勧誘事例である。この事例についての「特定商取引に関する法律」に基づく記述の中から、不適切なものを選びなさい。

　　平成20年8月中旬の午後2時頃、リフォーム会社甲の営業員Zは、「近所で屋根の工事をしているのですが、お宅の納屋の瓦が浮き上がっているので見せてもらえませんか」と告げ、消費者A宅を訪問した。営業員Zは、会社名及び氏名を告げなかった。営業員Zは、「もうひとり連れてきますので」と言って一旦戻り、同社営業員Yを連れてきた。営業員Yは、消費者Aに名刺を渡した。営業員Yが「屋根に上がって瓦を見せてもらいますので、写真を撮っても構いませんか」と言ったので、消費者Aは了承した。営業員Yは持ってきた梯子をかけて屋根に上り、消費者Aは下で様子を見ていた。

　営業員Yは、屋根の上で4、5枚の瓦を指で浮かせてみせた。消費者Aは、平成6年頃に納屋の屋根の葺き替え工事は行っていたため、簡単に持ち上がることに驚いた。営業員Yは、「銅線で留めている部分が傷んでいます。外は留まっているのですが、内が切れてしまっています。それで瓦がずれているのですよ」と告げた。さらに営業員Yが、「これだけ全体的にずれていたら、大きな台風が来たら瓦が飛んでしまいますよ。道を通っている人に落ちて、怪我でもしたら困るので、できるだけ早く直したほうがいいですよ」と告げたため、消費者Aは、そんなに瓦がずれていて、他の人に迷惑をかけるようであれば、早く直さなければならないという気持ちになった。営業員Yたちは、「工事の途中なので」と言って、近くの現場の方に戻った。

　その日の午後5時半頃、営業員Yが昼間に撮影した写真6枚と見積書を持って、消費者A宅を訪問した。消費者Aは、その写真を見て、1箇所は瓦が浮き上がっているように思ったが、全体的に瓦がずれているかどうかはわからなかった。営業員Yは、「納屋が大きくて、瓦がこれだけあるんで、90万円くらいかかります。全体にしますか。部分的にしますか。部分的にやって、また再度することになると費用もかかるので、やるんだったら全体的にやったほうがいいんじゃないかな」と告げた。消費者Aは、この業者が近所の工事もやっていること及び「瓦が道に落ちて誰かに怪我をさせてはいけない」と思ったことから、「それでしたら、全体的に直します」と告げ、契約した。工事代金は、80万円余りであった。

　翌日、消費者Aは息子に相談し、解約を決めた。その日の午前8時半頃、同社に電話をして解約の意思を伝え、解約が了承された。

　平成20年9月上旬、消費者Aは、以前瓦工事をしてもらった近所の瓦業者乙に納屋の屋根を見てもらった。瓦業者乙は、屋根に上がって「写真ではずれているけれど、こんなにずれているのはありませんでした。写真を写すときに、業者がずらしたんじゃないでしょうか」と言った。

　消費者A宅の納屋は、クーリング・オフ後、屋根の修繕をしていなかったが、平成20年12月16日、社団法人全日本瓦工事業連盟認定の瓦屋根診断技士2名が消費者A宅の納屋の屋根の状況を診断したところ、瓦のずれや雨漏りはなく「現状全く心配ありません」との診断であった。

①はじめに会社名や氏名を告げずに交渉を行っているが、あとから来た社員が名刺を渡したので違反ではない。

②不良箇所のない屋根を、不良箇所があるかのように告げて工事をすすめるのは違反である。

③一旦、出直したとしても、事前に営業をする旨を伝えていなければ、その場で契約をしてはならない。

④クーリング・オフに応じて契約をキャンセルしても、不正な方法で営業を行えば罰せられることがある。

正解と解説

正解：①

「特定商取引に関する法律」では、事業者は勧誘開始前に、

「事業者の氏名（名称）」
「契約の締結について勧誘をする目的であること」
「販売しようとする商品の種類」

を消費者に明示的に告げなければなりません。

①では、上記の3つについて最初に明示的に告知しておらず、あとから来た社員が名刺を渡しても、違反行為が解消されたわけではないので、不適切な記述です。

②は不実告知に当たり、不当な勧誘行為に該当するため違反です。

③では、契約の締結について勧誘をする目的であることを事前に告知していないので、契約を行うことは違反行為となります。

④では、クーリング・オフによって解約していますが、契約を行うプロセスが違反行為であるため、罰せられる可能性があります。

よって、①が正解となります。

参考問題5

住宅の構造に関する次の記述のうち、適切なものを選びなさい。

①木造軸組（在来）工法は木材の柱と梁、床で組み立てる工法で、柱や梁に筋かいを入れ、金物で補強することで水平力に抵抗する。
②軽量鉄骨造は厚さ6mm以上の鉄骨で構造体をつくる工法で、ビルやマンションの建築にも用いられる。
③かつての木造軸組工法住宅では、床は床梁＋根太＋床板で構成されていたが、近年は施工の合理化が進み、床梁を省略して、厚い構造用合板を直接根太に釘留めする床がほとんどになっている。
④木質系プレハブ工法は梁や柱がなく、壁と床を一体化して剛性の高い構造をつくり、建物にかかる荷重を壁全体に分散して伝えるため、耐震性に優れている。

正解と解説

正解：①

①は木造軸組工法に関する正しい記述です。
②は重量鉄骨造に関する記述です。軽量鉄骨造は厚さ6mm未満の軽量鉄骨のフレームを骨組みとして使います。
③は木造軸組工法の近年の特徴に関する記述ですが、省略するのは根太で、構造用合板は直接、床梁に釘留めします。
④は木造枠組壁工法（2×4工法）に関する記述です。木質系プレハブ工法は、あらかじめ工場生産された木質系の部材やパネルを現場で組み立てる工法です。

よって、①が正解となります。

インスペクション

　インスペクションとは、既存住宅の状況調査のことです。国土交通省では、ガイドラインとして3種類のインスペクションを設定しています。外装劣化診断や既存住宅状況調査は、一次的なインスペクションに該当します。

インスペクションの種類

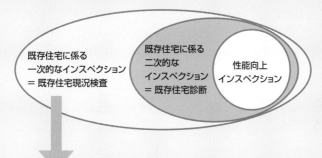

	既存住宅に係る一次的なインスペクション ＝ 既存住宅現況検査	既存住宅に係る二次的なインスペクション ＝ 既存住宅診断	性能向上インスペクション
概要	• 既存住宅の現況を把握するための基礎的なインスペクション	• 劣化の生じている範囲や不具合の生じている原因等を把握するための詳細なインスペクション（耐震診断等）	• 性能向上リフォーム実施時の住宅性能の把握
主な利用場面	• 中古住宅の売買時に補修工事の必要性等を把握しようとするとき • 維持管理時に現況を把握しようとするとき（定期的な点検）	• リフォーム工事実施前に対象範囲を特定しようとするとき • 一次インスペクションで詳細な検査が必要とされたとき	• リフォーム工事の実施時 • 省エネ、バリアフリーリフォーム等 • 内装、設備リフォーム等

出典：国土交通省「既存住宅インスペクションガイドラインについて」

7-2

既存住宅状況調査技術者

国土交通省の定める講習を修了した建築士が**既存住宅状況調査技術者**となり、既存住宅の調査を行います。

▶▶ 既存住宅状況調査技術者とは

既存住宅の調査の担い手となる技術者の育成を進めるため、2017年に国土交通省により「既存住宅状況調査技術者講習制度」が創設されました。

既存住宅状況調査では、「建物の基礎・外壁など建物の構造耐力上主要な部分」および「雨水の浸入を防止する部分」に生じているひび割れ、雨漏りなどの劣化・不具合の調査を行います。既存住宅状況調査技術者は、国が定めた「**既存住宅状況調査方法基準**」に従い、既存住宅の調査を行います。

報酬を得て調査業務を行うには、建築士事務所に所属している必要があります。

宅地建物取引業法の改正により、2018年4月から、「中古住宅の売買の際の重要事項説明において、既存住宅状況調査を実施している場合にはその結果について説明すること」が義務付けられています。

第**8**章

業者の選び方

見積書の金額は、工事会社を選ぶときの重要な判断材料の1つではありますが、ほかにも注意すべき点が多くあります。ここでは業者の選び方について解説します。

図解入門
How-nual

8-1

業者の選び方

　消費者が住宅の新築やリフォーム工事を行うときの不安は、次の2つに集約できるといわれています。「信頼できる会社はどこなのか」、「この見積もりは妥当なのか」。依頼する会社を決めた時点で、工事の概要や品質、価格などはほぼ決まってしまいます。

▶▶ 業者選定の重要性

　外装メンテナンスに限らず、住宅に関する工事を検討するにあたって、発注者は「会社を選んだあとで工事内容の打合せをしたい」と考えがちです。しかしながら実際には、依頼する会社を決めた時点で、工事の概要や品質、価格などはほぼ決まってしまいます。どの会社も、その会社の持つ技術力や管理力、コストの条件のもとで仕事を請け負うしかないためです。それゆえに、業者の選定は非常に重要です。

▶▶ 業者の選び方

　外装メンテナンスのために業者を選ぶ際は、まず次の情報を確認することが大切です。

・ホームページの内容

・営業年数

・施工実績、診断実績

・建設業許可

・建築士、建築施工管理技士、塗装技能士、外装劣化診断士などの資格保有者数

　また、可能であればその業者の施工中の現場や施工済みの建物を確認します。施工中の現場では、足場や養生がきちんと行われ、道具や現場が整理されているかどうか確認します。過去の診断報告書やメンテナンス提案書があれば見せてもらいます。
　施工体制の確認も大切です。作業を行うのは自社の職人なのか下請けの職人なのか、下請けの場合は誰が管理を行うのか、などです。施工後の保証についても確認します。

その上で、**コンプライアンス（法令遵守）**を確認します。そのためには、契約前に契約書を提示してもらうことです。工事請負契約書や工事請負契約約款などを確認すれば、コンプライアンスに対する会社の姿勢を判断することができます。

①調査報告書

適切なメンテナンス工事を提案してもらうためには、建物の調査から始めてもらうことが必要です。

調査報告を受けることで、会社の技術レベルや取り組みの姿勢を確認することができます。提案内容が調査結果を踏まえたものであるか、工事についての希望をきちんと聞いてくれるか、を確認します。

②見積書

見積書は、建物に適した工事が提案されていること、工事の数量が正確に把握されていることが大切です。

一般的に、複数の会社に見積もりを提出してもらって、見積金額の一番低い会社を選択すればよいと考えがちですが、金額だけで業者を選ぶのは避けましょう。複数の会社が提出した見積書の工事内容が同じではないことが多いからです。

工事内容をよく理解せずに曖昧なまま契約をして、思っていた工事と実際の工事が異なり、トラブルになることも少なくありません。工事の発注者も工事を受注する業者も、契約時点で、お互いに工事内容をよくわかっていることが大切です。また、工事の期間やスケジュールも重要な要素なので、工程表も確認します。工事の内容を丁寧に説明してくれるかどうかも、業者選定のポイントだといえます。

③金額の確認

発注者が見積書を見て、それが妥当な金額なのかどうか判断するのは難しいものです。とはいえ、見積書をよく見ればわかってくることもあります。

それは、工事の内容ごとの数量・面積と単価です。複数の業者から見積もりをとったときに、工事対象の面積や数量、そして単価を比較します。

　同じ内容の工事や同レベルの性能の塗料を使う場合は、どの業者でも単価は同レベルになるはずです。したがって、他の業者と極端な差のある業者は要注意です。見積もりを見て疑問に感じた点は、必ず確認するようにします。

▶▶ 受注する業者の立場から

　見積書の説明の際には、現場調査の結果を報告して、発注者が見積書の内容をきちんと理解できるようにすることが大切です。見積書だけでは具体的な内容まで伝えきれない、という場合は、現場調査の報告書でそれを補完する必要があります。

　例えば、見積書に工事項目、工事数量、工事金額が記載されていても、それだけで発注者が十分に把握するのは難しいものです。現場調査の報告書で、工事対象箇所の写真を提示し、その現状と工事の必要性などを説明することで、発注者の見積もりに対する理解はかなり深まります。

　具体的な工事の仕様など、見積書に書ききれないことも、現場調査報告書に記載して見積書と一緒に提出することで、見積もりに対する発注者の誤解や思い込みを防ぐこともでき、工事後のトラブル防止にも役立ちます。

第**9**章

関連法規

住宅の建築やその業務に関しては、様々な法律や規則が定められています。これらは、新築住宅だけでなくメンテナンス時にも適用されます。外装メンテナンスにかかわる受注者や発注者は、これらの法令について理解を深めておくことが必要です。

住生活基本法

　　住生活基本法は、「国民の豊かな住生活の実現を図るため、住生活の安定の確保および向上の促進に関する施策について、その基本理念、国等の責務、住生活基本計画その他の基本となる事項について定める」法律です。

　　住生活基本法は、「住宅」基本法ではなく「住生活」基本法であるところに大きな意味があります。「豊かな住生活」を目的に掲げ、住宅そのものに関することだけでなく、住宅市街地の良好な環境の形成、住宅取引の適正化と流通の円滑化、高齢者や子育て世代への質の高い住宅の供給など、住宅を取り巻く生活や環境へも対象を広げています。

▶▶ 住生活基本法とは

　　豊かな住生活を実現するために、「多様なニーズに合った安全・安心で良質な住宅を選択できる市場の整備」、「適切な住宅を自力で確保するのが困難な人に対する住宅セーフティネットの構築」という2つの観点から、4つの基本理念と4つの基本施策が掲げられています。

住生活基本法の基本理念
①現在および将来における国民の住生活の基盤となる良質な住宅の供給等 ②良好な居住環境の形成 ③居住のために住宅を購入する者等の利益の擁護および増進 ④居住の安定の確保

住生活基本法の基本施策
①住宅の品質または性能の維持および向上ならびに住宅の管理の合理化または適正化 ②地域における居住環境の維持および向上 ③住宅の供給等に係る適正な取引の確保および住宅流通の円滑化のための環境の整備 ④居住の安定の確保のために必要な住宅供給の促進等

▶▶ 新たな住生活基本計画の概要

　基本理念の実現のため、国が**住生活基本計画（全国計画）**として５年ごとに、耐震化やバリアフリー化、省エネルギー化、住宅性能表示の実施などに関する数値目標を定めます。そして、この計画に基づいて、都道府県がそれぞれの計画を立案し、具体的な誘導策を実施しています。

　2021年３月にはこれまでの「住生活基本計画（全国計画）」の見直しが行われ、2030年まで10年間の計画が定められました。

　改定のポイントは、①新たな日常に対応した二地域居住等の住まいの多様化・柔軟化の推進、および豪雨災害等に対応した安全な住宅・住宅地の確保、②長期優良住宅やZEH ＊ストックの拡充、LCCM住宅＊の普及、住宅の省エネ基準の義務付け、などです。

2021年3月　新たな住生活基本計画（全国計画）の概要

①「社会環境の変化」の視点

目標1　「新たな日常」やDXの進展等に対応した新しい住まい方の実現
○住宅内テレワークスペースの確保等、職住一体・近接、非接触型の環境整備
○新技術を活用した住宅の「契約・取引」、「生産・管理」プロセスのDXの推進

指標　DX推進計画を策定し、実行した大手住宅事業者の割合
　　　0%（2020年）➡100%（2025年）

目標2　頻発・激甚化する災害新ステージにおける安全な住宅・住宅地の形成と被災者の住まいの確保
○自治体の地域防災計画等を踏まえ、
　・避難施設と連携した住宅改修や盛土等による浸水対策の推進
　・災害の危険性の高いエリアでの住宅立地を抑制
　・安全な立地に誘導。既存住宅の移転の誘導
○住宅の耐風性・耐震性、レジリエンス機能の向上

指標　耐震基準（1981年基準）が求める耐震性を有しない住宅ストック
　　　13%（2018年）➡おおむね解消（2030年）

＊ZEH（ゼロ・エネルギー・ハウス）　断熱性能を大幅に向上させ、高効率な設備の導入で省エネを実現した上で、再生可能エネルギーを導入し、年間の一次エネルギー消費量がゼロとなる住宅です。ストックの拡充とは、このような住宅を増やしていこうということです。
＊LCCM（ライフサイクル・カーボン・マイナス）住宅　建設時から廃棄時までの住宅の生涯でのCO₂収支をマイナスにする住宅です。

②「居住者・コミュニティ」の視点

目標3　子どもを産み育てやすい住まいの実現

○子育てしやすく家事負担の軽減に資するリフォームの促進
○若年・子育て世帯のニーズもかなえる住宅取得の促進
○良質で長期に使用できる民間賃貸ストックの形成

> **指標**　民間賃貸住宅のうち、一定の断熱性能を有し遮音対策が講じられた住宅の割合
> 　　　約1割（2018年）➡2割（2030年）

目標4　多様な世代が支え合い、高齢者等が健康で安心して暮らせるコミュニティの形成とまちづくり
○バリアフリー性能や良好な温熱環境を備えた住宅整備

> **指標**　高齢者の居住する住宅のうち、一定のバリアフリー性能および断熱性能を有する住宅の割合
> 　　　17%（2018年）➡25%（2030年）

目標5　住宅確保要配慮者が安心して暮らせるセーフティネット機能の整備
○公営住宅の建替え、長寿命化等のストック改善
○地方公共団体と民間団体が連携したセーフティネット登録住宅の活用

> **指標**　居住支援協議会を設立した市区町村の全国カバー率
> 　　　25%（2020年）➡50%（2030年）

③「住宅ストック・産業」の視点

目標6　脱炭素社会に向けた住宅循環システムの構築と良質な住宅ストックの形成
○柔軟な住替えを可能とする既存住宅流通の活性化
　・既存住宅の性能等の情報を購入者にわかりやすく提示
○適切な維持管理・修繕、老朽化マンションの再生の円滑化
○世代を超えて取引されるストックの形成
　・CO_2排出量の少ない長期優良住宅やZEHのストック拡充、LCCM住宅の普及、省エネ基準の義務付け等

> **指標**　住宅性能に関する情報が明示された住宅の既存住宅流通に占める割合
> 　　　15%（2019年）➡50%（2030年）
> 　　　認定長期優良住宅のストック数
> 　　　113万戸（2019年）➡約250万戸（2030年）

目標7　空き家の状況に応じた適切な管理・除却・利活用の一体的推進
○自治体と地域団体等が連携し、空き家の発生抑制、除却等を推進

> **指標**　居住目的のない空き家数
> 　　　349万戸（2018年）➡400万戸程度に抑える（2030年）

目標8　居住者の利便性や豊かさを向上させる住生活産業の発展
○大工等の担い手の確保・育成、和の住まいの推進

> **指標**　既存住宅流通およびリフォームの市場規模
> 　　　12兆円（2018年）➡14兆円（2030年）➡20兆円（長期的目標）

出典：国土交通省「新たな住生活基本計画（全国計画）の概要」より作成

建築基準法

建築基準法は、建築物に関して最低限守らなければならない基準です。国民の「生命・健康・財産の保護」と「公共の福祉」を目的として定められています。外装の改修に伴って建物のリフォームを行う場合も、この法律を遵守しなければなりません。

▶▶ 建築基準法の構成

建築基準法には次のことが定められています。

①手続き規定

建築物を建てようとする際の申請や、審査、検査の義務など

②単体規定

構造強度や防火・避難、衛生など、建築物自体の安全性の確保について

③集団規定

道路幅員や用途地域、周辺の環境条件に応じた高さ制限など、周囲の環境と建築物の形態の関係など

④罰則規定

違反に関する是正や違反者に対する懲役、罰金の命令など

同法の施行令（政令）には、法の実施のための具体的なルールが規定され、施行規則（省令）には、確認申請書に必要な図面や明示する事項、各種書類の様式や軽微な変更などが規定されています。国土交通省告示には、耐火建築物の基準や不燃材料の基準、耐火構造の構造方法、条文に関する事項などが定められています。

▶▶ 建築基準法の変遷

建築基準法は1950年に制定されたのち、たびたび改正が行われています。特に、大きな地震で被害を受けたあとで大規模な改正が行われ、**耐震基準**が強化されています。例えば、1995年の阪神淡路大震災の被害を受けて2000年に行われた改正では、①地耐力に応じた基礎構造の規定、②耐力壁配置のバランス計算、③継手・仕口の仕様の特定が行われました。

つまり、それ以前に建築された建物は、その基準を満たしていない可能性が高いということです。建物診断時には、そのことを踏まえて診断を行う必要があります。

第9章 関連法規

建築基準法の変遷

建築基準法等の変遷	木造住宅の構造に関する規定			省エネ性能に関する規定
	基礎	壁の量・配置バランス	筋かい・接合部	
1950 (S25) 1948福井地震 1950 建築基準法制定 ＊初めて必要壁量が規定される 1959 建築基準法改正 ＊必要耐力壁の導入 ＊土台と基礎、柱・梁の太さなどの規定	・底盤のない基礎でもよかった	・必要壁量が制定 ・必要壁量が改正される	・筋かいは柱等に釘で固定する ・筋かいは釘・その他の金物を使用しなければならないと規定される	
1960 (S35) **1970 (S45)** 1964新潟地震 1968十勝沖地震 1971 建築基準法改正 ＊布基礎の義務化 1978宮城沖地震 1979 省エネ法制定	・コンクリート造または鉄筋コンクリート造の布基礎とすることが規定された		・平金物が使用され始める ・1979年頃から旧・住宅金融公庫等で平金物などの金物が推奨され始める	・70年代頃から断熱材の使用が一般化していく
1980 (S55) 1981 建築基準法改正 ＊鉄筋コンクリート造基礎を原則義務化 ＊必要耐力壁量の強化	新耐震基準の制定			
1990 (H2)	・鉄筋入りの基礎が徐々に広まる	・必要壁量が改正され、壁の配置バランスに関して初めて規定された	・筋かいプレートが使用され始める ・通し柱にホールダウン金具が使用され始める	・省エネ法制定を受け、1980年に「(旧)省エネ基準」が制定【等級2相当】
2000 (H12) 1995 阪神・淡路大震災				・1992「新省エネ基準」制定【等級3相当】 ・1999「次世代省エネ基準」制定【等級4相当】
2010 (H22) 2000 建築基準法改正 2007 新潟県中越沖地震 2008 省エネ法改正	・地耐力に応じた基礎構造が規定された	・耐力壁の配置に偏心率等のバランス計算を行うことが規定された	・継手・仕口の仕様が特定された	・2009「改正次世代省エネ基準」制定
2011 東日本大震災 2016 熊本地震				・2013「改正省エネ法」(平成25基準)施行 ・2016「改正省エネ法」(平成28基準)施行

出典：(一社) 住宅リフォーム推進協議会「長寿命化リフォームの提案 VIII」

▶▶ 建築確認

建築確認とは、建築内容が建築基準法に適合していることを確認審査してもらうために、建築前に建築主事または指定確認検査機関に申請を行う手続きのことです。申請は建築主が行うのが原則ですが、一般的に設計者が代理で申請します。

外装の改修に伴って建物の増築や改築を行う場合は、確認申請が必要になる場合もあるので要注意です。ただし、木造2階建て住宅で修繕や模様替え（原状回復）にとどまる場合は、確認申請は必要ありません。

建築確認申請と完了までの審査のフローは、次表の通りです。

建築確認審査のフロー

①事前協議	法令や条例などへの適合を事前に相談
②受付	図面に明示事項が記入されているか、申請書の誤記や記入漏れがないか。必要書類・図面がそろっているか、正・副本が整合しているか
③消防同意	消防機関が防火上の安全性を確認
④建築基準法への適合性審査	行政庁に道路・都市計画地域などの照会、構造・設備の確認
⑤構造計算適合性判定機関に審査依頼	必要な場合
⑥確認済証交付	確認済証が交付されると、着工することができる
⑦工事着手	工事開始
⑧中間検査	中間検査を受けて、中間検査合格証の交付を受ける
⑨工事完了	工事が完了すると、4日以内に建築主事等に完了検査申請をする。建築主事等は申請受理日から7日以内に検査を行う
⑩完了検査	検査済証が発行されると、建築物を利用することができる

第9章　関連法規

COLUMN 建物の診断

建物の診断においては、建築された時期を確認し、現行の法規に適合しない建物である可能性も考慮して診断を行うことが必要です。

住宅瑕疵担保履行法

「**住宅瑕疵担保履行法**」は、構造計算書偽装事件の被害をきっかけに施行されました。新築住宅の供給者に「瑕疵保険への加入」または「保証金の供託」を義務付けています。

▶▶ 住宅瑕疵担保履行法の意義

住宅瑕疵担保履行法（正式名：特定住宅瑕疵担保責任の履行の確保等に関する法律）は、新築住宅を建築・購入する消費者を保護する法律です。

新築住宅では、供給者に対して10年間の瑕疵担保責任が義務付けられています。しかし、2005年に発生した構造計算書偽装事件では、保証をするべき供給者に十分な資力がなく、被害者は建替えのために二重のローンを抱えることになりました。瑕疵担保責任が実行されないことが大きな問題になり、事業者は住宅瑕疵担保責任保険に加入するか、または保証金を供託することが義務付けられました。

住宅に瑕疵があった場合、補修費用は保険金から支払われます。売主が倒産した場合は、建て主が保険金の請求を行うことができます。

保険の対象となるのは、住宅の中でも特に重要な部分である、構造耐力上主要な部分と雨水の浸入を防止する部分です。保険加入の場合は、工事中に保険会社による現場検査が行われます。

住宅瑕疵担保責任保険の仕組み

出典：国土交通省住宅局：住宅瑕疵担保履行法パンフレット

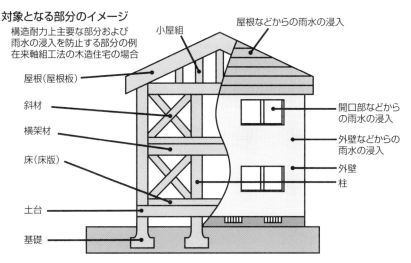

| 住宅瑕疵担保責任保険の対象部分 |

対象となる部分のイメージ

構造耐力上主要な部分および
雨水の浸入を防止する部分の例
在来軸組工法の木造住宅の場合

小屋組

屋根などからの雨水の浸入

屋根（屋根板）

斜材

横架材

床（床版）

土台

基礎

開口部などから
の雨水の浸入

外壁などからの
雨水の浸入

外壁

柱

出典：住宅保証機構（株）のホームページから

既存住宅売買瑕疵保険・リフォーム瑕疵保険

　住宅瑕疵担保責任保険のうち、既存住宅に関するものとして既存住宅売買瑕疵保険およびリフォーム瑕疵保険について説明します。

　既存住宅売買瑕疵保険は、中古住宅の検査と保証がセットになった保険制度です。中古住宅の売主が個人の場合、瑕疵の責任を負わないとする特約（**瑕疵担保免責**）も法律上有効です。宅地建物取引業者が売主の場合でも、宅建業法に定められた最低期間である2年間に限定されることが多く、中古不動産の購入者にとっての不安材料となっていました。

　既存住宅売買瑕疵保険に加入すれば、購入した中古住宅の瑕疵に対する補修費用を受け取ることができます。保険期間は売主が個人の場合と宅建業者の場合で異なりますが、最大5年間です。保険の対象となる住宅は、新耐震基準への適合など、一定の要件を満たしていなければなりません。

　リフォーム瑕疵保険は、リフォーム時の検査と保証がセットになった保険制度です。

9-4

その他の関連法規

　建物に直接かかわる法規のほかに、工事に関する法律や契約に関する法規もあります。ここではそれらについて解説します。

▶▶ 住宅品質確保法と住宅性能表示制度

　住宅性能表示制度では、「地震に対する強さ」や「火災時の安全性」など、住宅の10分野の性能項目について、等級で表示します。性能の違いがひと目でわかるようになっています。自動車や家電製品などでは、統一された基準で性能値が表示されており、比較検討するのが簡単です。しかし住宅の場合は、「地震に強い」「耐久性に優れる」といっても、かつては住宅メーカーや住宅会社によって評価の基準が異なっていたため、本当のところはどちらが優れているのか、よくわかりませんでした。そこで、住宅の性能の基準を設定し、契約前に比較できるよう創設されたのが、住宅品質確保法*に基づく住宅性能表示制度です。

　建築確認申請などとは異なり、希望者が利用する仕組みです。評価は、国土交通大臣の指定した住宅性能評価機関が行います。まず設計段階で評価を行い、さらに設計評価書通りに工事が行われているかどうか、建設工事中と完成段階でチェックします。設計時の性能を評価する設計評価書、および建設時の性能を評価する建設評価書の2つがあり、建設評価書まで取得した建物のみが性能表示制度の等級認定を受けたことになるので要注意です。

　評価項目は、①構造の安定、②火災時の安全、③劣化の軽減、④維持管理・更新への配慮、⑤温熱環境、⑥空気環境（シックハウス対策）、⑦光・視環境、⑧音環境、⑨高齢者等への配慮、⑩防犯──の10項目で、それぞれがさらに細目に分かれています。

　各性能項目とも「等級1」が建築基準法レベルで最低のランクです。例えば「構造の安定」のうち、耐震性の基準については、最も低い「等級1」は関東大震災規模の地震が起きても建物が倒れないレベル、「等級2」はその1.25倍の地震、「等級3」はその1.5倍の地震にも耐えられるという強さが基準となっています。

---

*　**住宅品質確保法**　正式名は「住宅の品質確保の促進等に関する法律」。「品確法」とも略される。

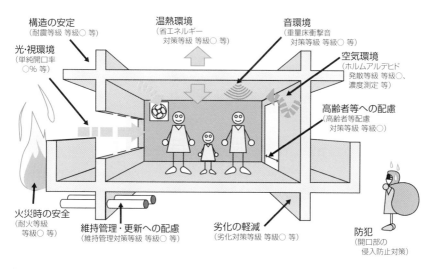

住宅性能表示の10分野

構造の安定
（耐震等級 等級○ 等）

光・視環境
（単純開口率
　○% 等）

温熱環境
（省エネルギー
　対策等級 等級○ 等）

音環境
（重量床衝撃音
　対策等級 等級○ 等）

空気環境
（ホルムアルデヒド
　発散等級 等級○、
　濃度測定 等）

高齢者等への配慮
（高齢者等配慮
　対策等級 等級○）

火災時の安全
（耐火等級
　等級○ 等）

維持管理・更新への配慮
（維持管理対策等級 等級○ 等）

劣化の軽減
（劣化対策等級 等級○ 等）

防犯
（開口部の
　侵入防止対策）

出典：国土交通省住宅局住宅生産課「『住宅の品質確保の促進等に関する法律』のポイント」を参考に作成

長期優良住宅普及促進法

　2009年6月に「**長期優良住宅の普及の促進に関する法律**」（略称：長期優良住宅普及促進法）が施行されました。ストック型社会への転換を実現するためには、住宅の長寿命化を推進することが大切です。

　この法律に基づく**長期優良住宅**の認定制度は、いい住宅をつくって、きちんと手入れをして、長く大切に使っていくことを支援するものです。戸建住宅で認定を受けるためには、建築計画において、劣化対策、耐震性、維持管理・更新の容易性、省エネルギー性、居住環境、住戸面積、維持保全計画、災害配慮という8つの性能項目の基準を満たさなければなりません。長持ちさせる価値のある優良な住宅を認定するという考え方です。

　維持保全計画では、構造耐力上主要な部分、雨水の浸入を防止する部分、給排水設備について、点検の時期と内容を定めます。また、少なくとも10年ごとに点検を行うことが必要です。

第9章
関連法規

　長期優良住宅は、住宅ローン減税における最大控除額が一般の住宅よりも高く、登録免許税、不動産取得税、固定資産税も軽減されます。2021年度には、新築戸建住宅の28%が長期優良住宅になりました。住宅の寿命が長くなると、家計に占める住居費負担が少なくなります。また、住宅の長寿命化は、廃棄物などの削減にもつながります。

長期優良住宅の認定基準

長期優良住宅認定制度は、「一戸建の住宅」「共同住宅等」のどちらでも利用できます。

一戸建の住宅

劣化対策
数世代にわたり住宅の構造躯体が使用できること。

耐震性
極めて稀に発生する地震に対し、継続利用のための改修の容易化を図るため、損傷のレベルの低減を図ること。

維持管理・更新の容易性
構造躯体に比べて耐用年数が短い設備配管について、維持管理（点検・清掃・補修・更新）を容易に行うために必要な措置が講じられていること。

省エネルギー性
必要な断熱性能等の省エネルギー性能が確保されていること。

共同住宅等

可変性（共同住宅・長屋）
居住者のライフスタイルの変化等に応じて間取りの変更が可能な措置が講じられていること。

バリアフリー性（共同住宅等）
将来のバリアフリー改修に対応できるよう共用廊下等に必要なスペースが確保されていること。

その他の項目

居住環境
良好な景観の形成その他の地域における居住環境の維持および向上に配慮されたものであること。

住戸面積
良好な居住水準を確保するために必要な規模を有すること。

維持保全計画
建築時から将来を見据えて、定期的な点検・補修等に関する計画が策定されていること。

災害配慮
自然災害による被害の発生の防止または軽減に配慮されたものであること。

出典：（一社）住宅性能評価・表示協会「長期優良住宅認定制度の技術基準の概要について」より

▶▶ 耐震改修促進法

　わが国では、これまでも大地震によって大きな被害が発生しています。また、近い将来には、南海トラフ地震、首都直下地震などの大地震が発生する可能性も指摘されています。

　このような大地震から自らの生命・財産等を守るためには、住宅や建築物の耐震化を図ることが必要です。

　耐震改修促進法（正式名：建築物の耐震改修の促進に関する法律）では、不特定多数の人が訪れる大規模建築物、避難路の沿道の建築物、防災拠点となる建築物を対象に、耐震診断を行うこと、そして必要に応じて耐震改修を行うことが義務付けられています。

　一般的な木造住宅は耐震改修促進法における対象建築物には該当しませんが、各自治体では被害を少なくするため、耐震診断・耐震改修に対して補助や融資を行っています。

　木造住宅においては、耐震性能の規定が不十分であった1981（昭和56）年以前に建てられた建築物を中心に耐震化を図るのが狙いです。

　改正耐震改修促進法により、数値目標を盛り込んだ計画の作成が都道府県に義務付けられています。

▶▶ 労働安全衛生法

　一般的に、屋根の診断を行う場合、屋根に上がって作業することが必要になります。工事現場と違って足場などの用意がないため、墜落防止などの安全対策が手薄になりがちですが、診断の際も労働安全衛生法などの法令を遵守した安全対策が大切です。

　例えば、1階の屋根であっても2m以上の高所作業となります。したがって、作業者の墜落防止のため、作業足場を設ける、手すりを設ける、墜落防止網を設置する、安全帯を使用する、などの安全対策を行わなければなりません。

垂直親綱（主綱）の設置方法

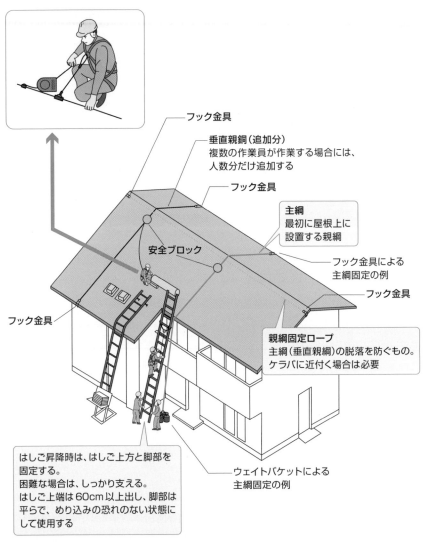

フック金具

垂直親綱（追加分）
複数の作業員が作業する場合には、
人数分だけ追加する

フック金具

主綱
最初に屋根上に
設置する親綱

安全ブロック

フック金具による
主綱固定の例

フック金具

フック金具

親綱固定ロープ
主綱（垂直親綱）の脱落を防ぐもの。
ケラバに近付く場合は必要

はしご昇降時は、はしご上方と脚部を
固定する。
困難な場合は、しっかり支える。
はしご上端は60cm以上出し、脚部は
平らで、めり込みの恐れのない状態に
して使用する

ウェイトバケットによる
主綱固定の例

出典：厚生労働省「足場の設置が困難な屋根上作業での墜落防止対策のポイント」
https://www.mhlw.go.jp/new-info/kobetu/roudou/gyousei/anzen/dl/140805-1.pdf

---

＊**レベル3の石綿含有建材**　レベル3とは、建築物の屋根材や外壁材で、石綿を含有していても飛散のリスクが低いもので
す。レベル2は、保温材や断熱材として利用されているもので、崩れてしまうと大量に飛散する恐れがあります。レベル1
は、石綿を吹き付けた状態で施工されているものです。石綿の濃度が非常に高く、撤去の際には大量の粉塵が飛散します。

▶▶ 石綿障害予防規則

　　石綿（アスベスト） による肺がんや中皮腫（ちゅうひしゅ）などの健康障害の発生が、社会的にも大きな問題となっています。

　　石綿は、安価で耐久性が高く、耐火性に優れるため、1970年から90年にかけて多くの建材に含有されて使われてきました。

　　石綿自体の危険性は以前から認識されており、徐々に規制が厳しくなったとはいえ、2006年までは使用量を減らしながら使われていました。

　　そのため、建築物の解体作業における石綿暴露防止対策の徹底が大きな課題となり、2005年に**石綿障害予防規則**が施行されました。石綿使用の事前調査などが定められましたが、現場では石綿の存在を十分に把握しないまま解体・改修工事を行う事例が頻発したため、2020年7月に石綿障害予防規則の改正が行われました。

　　改正の内容は次の通りです。

①従来は規制対象となっていなかった**レベル3の石綿含有建材***も、2021年4月から対象になりました。

②2022年4月から、建築物の解体または改修を行うときは、石綿使用有無の事前調査を行い、その結果を労働基準監督署と自治体に報告することが義務化されました。事前調査はすべての工事が対象で、報告は延べ床面積80m²以上の解体工事、100万円以上の改修工事で必要です。

③2023年10月から、事前調査は次の有資格者が行う必要があります。

　・一般建築物石綿含有建材調査者
　・特定建築物石綿含有建材調査者
　・一戸建て等石綿含有建材調査者

2023年の9月以前でも、石綿に関する知見等のある人が事前調査を行う必要があります。

COLUMN 100万円以上の改修工事

　　請負代金が消費税を含めて100万円以上の工事は、石綿の使用有無についての事前調査の対象です。1件の工事を複数の工事に分割して金額を下げることはできません。

石綿含有建材の使用例

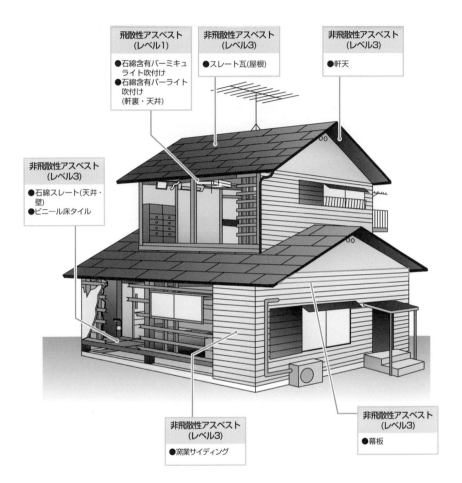

飛散性アスベスト
(レベル1)
●石綿含有バーミキュ
　ライト吹付け
●石綿含有パーライト
　吹付け
　(軒裏・天井)

非飛散性アスベスト
(レベル3)
●スレート瓦(屋根)

非飛散性アスベスト
(レベル3)
●軒天

非飛散性アスベスト
(レベル3)
●石綿スレート(天井・
　壁)
●ビニール床タイル

非飛散性アスベスト
(レベル3)
●窯業サイディング

非飛散性アスベスト
(レベル3)
●幕板

解体工事や改修工事は、作業時に石綿が飛散しないよう、厚生労働省と環境省が共同で作成した「**建築物等の解体等に係る石綿ばく露防止及び石綿飛散漏えい防止対策徹底マニュアル**＊」（2021年3月）に基づいて行います。

厚生労働省は施工業者に対して、建設現場の見やすい箇所に石綿含有の有無や飛散防止措置などを掲示するように指導しています。

外装メンテナンスにおいても、石綿含有建材の改修工事に該当する場合は、石綿障害予防規則を遵守する必要があります。

石綿含有建材の改修に該当／非該当の工事例

該当しない工事例	該当する工事例
・石綿が含まれていないことが明らかな材料を対象とする工事で、手作業や電動ドライバーのみを使用し、材料を損傷させる恐れがない場合 ・石綿を飛散させる可能性がほとんどない軽微な作業（電動工具で穴をあける作業は該当しない） ・既存の塗装の上に新たに塗装を塗る作業など、現存する材料等の除去は行わず、新たな材料を追加するのみの作業 ・既存の建材の上から新たな建材を施工するカバー工法	・ひび割れの補修で、電動工具等でひび割れ箇所を削る工程を含む工事 ・既存の材料の撤去を伴う工事 ・仕上塗材で施工された外壁のUカット等の補修工事 　※仕上塗材（リシン、スタッコ等）は石綿の含有の可能性が高いため要注意 ・塗装工事の下地処理で、建材を削ったり剥離したりする作業が含まれる場合 ・天井に点検口を新たに設置する工事や、軒天の一部を切断して補修する工事 ・材料の切断を伴う工事 　※ケイカル板は石綿を含有し、切断による飛散リスクが高いので要注意

第9章 関連法規

石綿含有建材の改修に該当しない工事の場合は、事前調査の必要がなく、石綿対策も不要です。

塗装工事における事前調査や対策の判定フローは次図の通りです。

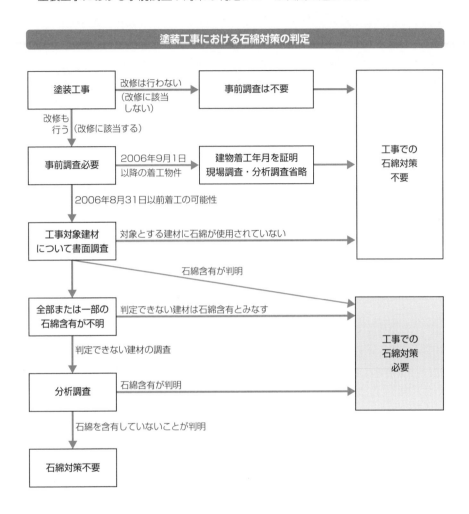

塗装工事における石綿対策の判定

塗装工事	改修は行わない（改修に該当しない） →	事前調査は不要

改修も行う（改修に該当する）↓

事前調査必要 → 2006年9月1日以降の着工物件 → 建物着工年月を証明 現場調査・分析調査省略

2006年8月31日以前着工の可能性 ↓

工事対象建材について書面調査 → 対象とする建材に石綿が使用されていない

工事での石綿対策不要

石綿含有が判明

全部または一部の石綿含有が不明 → 判定できない建材は石綿含有とみなす

判定できない建材の調査 ↓

分析調査 → 石綿含有が判明

工事での石綿対策必要

石綿を含有していないことが判明 ↓

石綿対策不要

COLUMN

既存不適格建築物

　建築時には適法であったにもかかわらず、建築基準法の改正によって違反となる建築物をすべて違反建築物とすると、社会的な混乱が大きくなります。そこで、新法に違反する建築物のうち、新法の施行時にすでに存在していた建築物や、建築中・修繕中であった建築物を**既存不適格建築物**と呼び、違反を問わないこととしています。

　2006年9月1日以降に着工したことが明らかな建物は、石綿含有建材がない建物として、石綿含有建材なしと判定します。次のような場合が該当します。

①建築確認申請書の申請日付が2006年9月1日以降となっている
②建築確認済証の交付日が2006年9月1日以降となっている
③建物の登記事項証明書（登記簿）で判断できる
　➡一般の住宅であれば、新築の日付として2007年以降の日付が記載されていれば、2006年9月以降の工事だと推定できる。

特定商取引に関する法律

　特定商取引に関する法律（略称：**特定商取引法**）は、事業者による違法・悪質な勧誘行為等を防止し、消費者の利益を守ることを目的とする法律です。**訪問販売**、**通信販売**、**電話勧誘販売**、**連鎖販売取引**、**特定継続役務提供**、**業務提供誘引販売取引**、**訪問購入**の7つの、消費者トラブルを生じやすい取引類型を対象に、事業者が守るべきルールと、クーリング・オフなどの消費者を守るルール等が定められています。

　リフォーム工事で消費者の自宅等を訪問して契約を行うと、訪問販売とみなされます。また、消費者に電話をかけて勧誘した場合は電話勧誘販売に該当します。

　連鎖販売取引はマルチ商法ともいいます。個人を販売員として勧誘し、その個人に次の販売員の勧誘をさせる形で、販売組織を連鎖的に拡大して行う商品取引のことです。

　特定継続役務提供とは、エステティックサロン、語学教室などのように、長期・継続的な役務の提供と、これに対する高額の対価を約する取引のことです。

　業務提供誘引販売取引は、「仕事を提供するので収入が得られる」という口実で消費者を誘引し、仕事に必要であるとして、商品等を売って金銭負担を負わせる取引のことです。

　訪問購入とは、事業者が消費者の自宅等を訪問して、物品の購入を行う取引のことです。

　これらの取引を行う事業者に対して、次の規制が行われます。

①氏名等の明示の義務付け

勧誘開始前に、事業者名や勧誘目的であることなどを消費者に告げるように義務付けています。

②不当な勧誘行為の禁止

価格・支払条件等についての虚偽の説明（**不実告知**）や故意に告知しないことを禁止したり、消費者を威迫して困惑させたりする勧誘行為を禁止しています。

③広告規制

広告をする際に重要事項を表示することを義務付け、また、虚偽・誇大な広告を禁止しています。

④書面交付義務

契約締結時などに、重要事項を記載した書面を交付することを、事業者に義務付けています。

　消費者と事業者の間のトラブルを防ぐため、消費者による契約の解除（**クーリング・オフ**）、取消しを認め、また、事業者による法外な損害賠償請求を制限するなどのルールも定められています。

　クーリング・オフとは、契約の申込みまたは締結ののちに、法律で定められた一定の期間内に書面で通知することにより、無条件で解約できるというものです。

クーリング・オフの期間

　訪問販売・電話勧誘販売・特定継続役務提供・訪問購入においては8日以内、連鎖販売取引・業務提供誘引販売取引においては20日以内となっています。通信販売には、クーリング・オフに関する規定はありません。

　事業者は、契約を締結したときには、次の事項を記載した書面を消費者に渡さなければなりません。

①商品等の種類
②販売価格
③代金の支払時期、方法
④商品の引き渡し時期
⑤クーリング・オフができない部分的適用除外がある場合はその内容
⑥事業者の名称、住所、電話番号、法人にあっては代表者の氏名
⑦契約の申込みまたは締結を担当した者の氏名
⑧契約の申込みまたは締結の年月日
⑨商品名および商品の商標または製造業者名
⑩商品の型式
⑪商品の数量
⑫引き渡された商品に欠陥があった場合の販売業者の責任
⑬契約の解除に関する定め
⑭そのほかの特約

　さらに、消費者に対する注意事項として、書面をよく読むべきことを、赤枠の中に赤字で記載しなければなりません。また、クーリング・オフの事項についても、赤枠の中に赤字で記載しなければなりません。さらに、書面の文字および数字の大きさは8ポイント以上であることが必要です。

　外装メンテナンス工事においても、訪問販売や電話勧誘販売に該当する場合は、工事請負契約ならば工事請負契約書、工事請負契約約款、見積書などにこれらを記載します。

消費者契約法

　消費者が事業者と契約をするとき、両者の間には持っている情報の質・量や交渉力に格差があります。このような状況のもとで消費者の利益を守るのが**消費者契約法**です。不当な勧誘による契約は取消しが可能、不当な契約条項は無効となる、といったことが規定されています。

　外装のメンテナンス工事では、次表のような行為が取消しや無効となります。

外装メンテナンス工事で消費者契約法に抵触する内容例

取消しとなる行為・内容	無効となる条項・内容
・自治体などの行政の指示で訪問しているかのように偽って伝える（不実告知） ・建物や建材に不具合があるように偽って説明する（不実告知） ・すぐに工事をしないと雨漏りなど大変なことになると説明する（不安をあおる告知） ・高齢の消費者に、家族と相談しないままで契約させる（判断力低下の不当な利用） ・契約を求めて長時間、消費者宅から帰らない（不退去） ・工事請負契約書の締結前に工事に取りかかる（契約締結前に債務の内容を実施）	・「当社が過失があると認めた場合に限り、損害賠償責任を負います」（事業者は責任を負わないとする条項） ・「本契約は事情の如何にかかわらず契約を解除することはできません」（消費者はどんな理由でもキャンセルできないとする条項） ・「着工の10日以上前に契約をキャンセルする場合は工事金額の50%、着工の9日前から着工の前日までに契約をキャンセルする場合は工事金額の80%、着工日以降に契約をキャンセルする場合は工事金額の100%を解約違約金とします」（平均的な損害の額を超えるキャンセル料条項）

索 引
I N D E X

■ あ行

相じゃくり ……………………………… 20
亜鉛メッキ鋼板 ……………………… 35,48
アクリルウレタン樹脂系塗料 ………… 124
アクリル樹脂系塗料 ………………… 124
アクリルシリコン樹脂系塗料 ………… 124
アクリル塗料 ………………………… 124
上げ下げ窓 …………………………… 107
アスファルトシングル ………………… 49
アスファルト防水 ……………………… 63
アスファルトルーフィング …… 59,60,112
アスベスト …………………………… 44,225
雨樋 …………………………………… 70
雨押え板金 …………………………… 51
雨仕舞 ……………………………… 48,110
アルゴンガス封入複層ガラス ………… 104
アルミサッシ ………………………… 104
アルミ樹脂複合サッシ ………………… 104
アルミ断熱サッシ …………………… 104
石綿 …………………………………… 44,225
石綿含有建材 ………………………… 225
石綿障害予防規則 …………………… 225
一次防水 ……………………………… 54
一文字葺き …………………………… 48
いぶし瓦 …………………………… 41,42
入母屋 ………………………………… 110
インスペクション …………………… 205
打ち替え ……………………………… 55
内倒し窓 ……………………………… 107
打ち放し仕上げ ……………………… 35
埋立地 ………………………………… 96
ウレタン塗料 ………………………… 124

ウレタン防水 ………………………… 64
上塗り ………………………………… 126
営繕工事写真撮影要領 ……………… 187
液状化現象 …………………………… 97
エフロ ………………………………… 36
エフロレッセンス …………………… 36
エマルション塗料 …………………… 9
塩化ビニル樹脂鋼板 ………………… 35
縁切り ………………………………… 148
横架材 ………………………………… 76
大引 …………………………………… 79
オーバーフロー管 …………………… 120
押えコンクリート …………………… 63

■ か行

改質アスファルトルーフィング ……… 60
改正耐震改修促進法 ………………… 223
外装 …………………………………… 14
外装劣化診断士 ……………………… 196
外装劣化診断士試験 ………………… 197
外壁 ………………………………… 98,173
外壁材 ………………………………… 18
外壁通気構法 ……………………… 26,98
瑕疵担保免責 ………………………… 219
ガスケット …………………………… 57
堅木 …………………………………… 114
片流れ ………………………………… 110
片開き窓 ……………………………… 107
矩計図 ………………………………… 160
金物工法 ……………………………… 77
壁倍率 ………………………………… 82
カラーベスト ………………………… 44

ガラス･･････････････････････ 104

ガルバリウム鋼板･･････････ 30,35,48

瓦･････････････････････････ 41

瓦棒葺き･･････････････････ 48

関西間･･････････････････････ 156

乾式工法･･････････････････ 26

乾式目地･････････････････ 20,57

乾燥材･･･････････････････ 115

関東間･･････････････････････ 156

機械等級区分･･･････････････ 115

木摺･････････････････････ 31

犠牲防食･･････････････････ 48

キセノンランプ法･･････････････ 128

基礎･･････････････････････ 92,171

基礎伏図･･････････････････ 162

既存住宅状況調査技術者･･････････ 206

既存住宅状況調査方法基準･･････ 206

既存住宅売買瑕疵保険･･････････ 168,219

既存住宅売買瑕疵保険の

　検査基準･･････････････ 168,169

既存不適格建築物･･･････････ 228

北側斜線･･････････････････ 158

業者･････････････････････ 208

京間･････････････････････ 156

業務提供誘因販売取引･･･････････ 229

強溶剤･･････････････････ 123

切妻･････････････････････ 110

金属サイディング･････････････ 25,30

金属板･･････････････････ 35

金属屋根･･････････････････ 48

杭基礎･･････････････････ 94

クーリング・オフ･･････････････ 230

グラスウール･･･････････････ 101

クリープ変形･･･････････････ 115

クリヤー塗料･･･････････････ 28

ケイカル板･････････････････ 66

経年劣化･････････････････ 123

軽量鉄骨造･････････････････ 117

化粧スレート･･･････････････ 44

桁行方向･････････････････ 106

下屋･････････････････････ 170,180

ケラバ（板金）･･･････････････ 51,110

建築確認･･････････････････ 217

建築基準法･････････････････ 215

建築基準法改正･･･････････ 193

建築図面･･････････････････ 155

建築物等の解体等に係る石綿ばく露防止

　及び石綿飛散漏えい防止対策徹底

　マニュアル･･･････････････ 227

建築物の耐震改修の促進に関する法律

　　　　　　　　　　　　　223

現場調査報告書･･･････････ 136

高圧洗浄･････････････････ 45

公共建築改修工事標準仕様書･･･････ 133

公共建築工事標準仕様書････････ 133

鋼材･････････････････････ 117

工事アルバム･･･････････････ 137

工事完了報告書･･･････････ 137

工事工程表･････････････････ 137

工事仕様書･････････････････ 137

高所カメラ･････････････････ 153

孔食･････････････････････ 141

構造材･･････････････････ 114

構造用合板･････････････････ 116

光沢保持率･････････････････ 128

高度地区･･････････････････ 160

合板･････････････････････ 66,116

広葉樹･･････････････････ 114

234

小口径鋼管杭工法 ······················· 96
小口面 ································· 55
ゴムアスルーフィング ···················· 60
小屋組 ······························ 80,109
小屋束 ································· 80
小屋梁 ································· 80
小屋伏図 ······························ 162
コロニアル ····························· 44
コンクリート ························· 35,118
コンクリート瓦 ························· 46
コンクリートの中性化 ···················· 35
コンクリート用型枠合板 ················· 116
混構造 ································· 75
コンプライアンス ······················ 209
混和剤 ································· 31

さ行

サーモカメラ ·························· 153
再塗装 ································ 122
在来工法 ····························· 74,76
在来軸組工法 ·························· 76
サッシ ································ 104
錆止め塗料 ···························· 125
三角シーリング ························· 32
仕上げ塗り ···························· 126
シート防水 ···························· 64,184
シーラー ······························ 127
シーラー塗装 ·························· 27
シーリング材 ·························· 20,54
シーリングプライマー ···················· 55
直張り工法 ···························· 98
軸材 ·································· 76
仕口 ·································· 76
事前調査 ····························· 138

下地処理 ···························· 134,142
下地処理基準 ·························· 140
下地調整 ····························· 126
下塗り ································ 126
漆喰 ································· 38,42
湿式工法 ······························ 26
湿式目地 ······························ 54
四辺相じゃくり工法 ······················ 25
尺モジュール ·························· 156
弱溶剤 ································ 123
写真撮影チェック表 ······················ 137
遮熱塗料 ····························· 125
住生活基本計画 (全国計画) ·············· 213
住生活基本法 ·························· 212
集成材 ································ 115
住宅瑕疵担保責任保険 ·················· 168
住宅瑕疵担保履行法 ···················· 218
住宅寿命 ······························· 8
住宅性能表示制度 ······················ 220
住宅の品質確保の促進等に関する法律
 ·································· 220
住宅品質確保法 ···················· 168,220
集団規定 ····························· 215
充填断熱 ····························· 101
重量鉄骨造 ························· 75,117
樹脂サイディング ······················· 39
樹脂サッシ ···························· 104
樹脂の種類 ···························· 124
受注者 ································· 12
準防火地域 ···························· 65
ジョイナー ···························· 20
仕様書 ······························ 155,156
抄造法 ································· 17
消費者契約法 ·························· 232

シリコン塗料 ……………………… 124,129
真空ガラス ……………………………… 104
シングル屋根 …………………………… 49
心材 ……………………………………… 114
診断 ……………………………………… 152
診断報告書 ……………………… 136,187
針葉樹 …………………………………… 114
水系エマルション塗料 …………………… 9
水性塗料 ………………………………… 123
スウェーデン式サウンディング試験 …… 92
スキン …………………………………… 147
スクリューウエイト貫入試験 ………… 92
筋かい …………………………………… 81
筋かい耐力壁 …………………………… 81
筋かいプレート ………………………… 84
スタッコ仕上げ ………………………… 19
ステンレス鋼板 ………………………… 48
滑り出し窓 ……………………………… 107
スラリー ………………………………… 46
スラリー層 ……………………………… 129
スレート ………………………………… 44
スレート瓦 ……………………………… 44
設計図書 ………………………………… 155
セメント瓦 ……………………………… 46
セメントスラリー ……………………… 46
ゼロ・エネルギー・ハウス ………… 213
繊維強化プラスチック ………………… 62
繊維系断熱材 …………………………… 101
造作バルコニー ………………………… 184
造成地 …………………………………… 96
促進耐候性試験 ………………………… 128
外付けバルコニー ……………………… 184
外張り断熱 ……………………………… 101

■ た行

耐久性 …………………………………… 123
耐候性 …………………………………… 124
耐震改修促進法 ………………………… 223
耐震基準 ………………………………… 215
タイベック ……………………………… 58
耐力壁 …………………………………… 77,81
タイル …………………………………… 39
たすき掛け ……………………………… 81
タスペーサー …………………………… 45
打設 ……………………………………… 75
タッカー ………………………………… 59
縦滑り出し窓 …………………………… 107
谷樋 ……………………………………… 51
垂木 ……………………………………… 80
短期荷重 ………………………………… 87
単層弾性塗装 …………………………… 147
単体規定 ………………………………… 215
断熱材 …………………………………… 101
断熱サッシ ……………………………… 104
着色スラリー …………………………… 46
着色スレート …………………………… 44
中間水切り ……………………………… 71
柱状地盤改良工法 ……………………… 96
長期荷重 ………………………………… 87
長期優良住宅 …………………………… 221
長期優良住宅の普及の促進に関する法律
………………………………………… 221
長期優良住宅普及促進法 ……………… 221
調査写真 ………………………………… 187
調査表 …………………………………… 165
調査報告書 ……………………………… 209
チョーキング …………………………28,128
通信販売 ………………………………… 229

ツーバイフォー工法 …………………… 74,88
束石 …………………………………… 79
突き出し窓 …………………………… 107
継手 …………………………………… 76
土壁 …………………………………… 39
妻面 ………………………………… 110
鉄筋コンクリート ……………… 35,118
鉄筋コンクリート造 ………………… 75
鉄骨系プレハブ工法 ………………… 74
鉄骨系プレハブ住宅 ……………… 117
手続き規定 ………………………… 215
天窓 …………………………………… 51
電話勧誘販売 ……………………… 229
凍害 …………………………………… 30
陶器瓦 ……………………………… 42
透湿防水紙 …………………………… 58
透湿防水シート ……………………… 58
胴ベルト型安全帯 ………………… 154
道路斜線 …………………………… 160
ドーマー …………………………… 52
特定行政庁 …………………………… 83
特定継続役務提供 ………………… 229
特定商取引に関する法律 ………… 229
特定商取引法 ……………………… 229
塗装 ……………………………… 122,134
塗装基準 ……………………… 140,146
土台伏図 …………………………… 162
トップライト ………………………… 51
塗膜防水 ………………………… 63,64
トリプルガラス …………………… 104
塗料 ………………………………… 123

な行

中塗り ……………………………… 126
軟弱地盤 …………………………… 97
二次防水 …………………………… 54
布基礎 ……………………………… 94
根太 …………………………………… 79
粘土瓦 ……………………………… 41
軒 ………………………………… 65,110
軒裏 …………………………………… 66
軒天 …………………………………… 65
熨斗 …………………………………… 42
野地板 …………………………… 80,109
ノンブリード（シーリング材） …… 32,55

は行

ハードボード ………………………… 19
ハーネス …………………………… 154
白亜化度等級1 …………………… 128
羽子板ボルト ………………………… 84
バックアップ材 ……………………… 56
撥水剤 ……………………………… 35
罰則規定 …………………………… 215
発注者 ……………………………… 12
発泡プラスチック系断熱材 ………… 101
鼻隠し ……………………………… 68
破風 ………………………………… 68
はめ殺し窓 ………………………… 107
梁間方向 …………………………… 106
バルコニー ……………………… 120,184
バリヤプライマー ………………… 58
ヒアリング ………………………… 165
ヒアリングシート ………………… 165
火打ち ……………………………… 80
引き違い窓 ………………………… 107

微弾性のフィラー ···················· 32

表層地盤改良工法 ················· 96

表面処理 ···························· 54

品確法··························· 220

フィラー ····························· 32

フィルムタイプ····················· 59

吹付タイル ························· 19

複層ガラス ························ 104

不実告知 ························· 230

不織布タイプ ······················ 59

伏図 ······························ 162

普通合板 ························· 116

フッ素樹脂系塗料················· 124

フッ素塗料············· 124,129

不同沈下 ··························· 96

プライマー·············55,127

ブリード·························· 32

プリント合板 ····················· 19

フルハーネス型安全帯·················· 154

ペアガラス·························· 104

平面図··························· 158

壁量計算 ··························· 81

ベタ基礎 ··························· 94

辺材 ····························· 114

変色グレースケール3号 ········· 128

変退色···························· 128

防汚塗料 ························· 125

防カビ・房藻塗料················· 125

方形 ····························· 110

防水材 ···························· 54

防水紙 ······················ 46,58

訪問購入 ························· 229

訪問販売 ························· 229

法令遵守 ························· 209

ボーリング調査···························· 92

ホールダウン金物 ················· 84

保護被膜作用 ····················· 48

ボンドブレーカー ··················· 56

ま行

幕板 ······························ 69

マスチック······················· 147

窓······························· 104

丸太組工法························· 75

水切り ····························· 71

見積書·····················136,209

無機質繊維系断熱材··············· 101

無機溶剤························· 123

無垢材···························· 115

無塗装品 ··························· 27

棟木 ······························ 80

棟板金 ····························· 51

無目地仕上げ······················ 25

無釉瓦···························· 41

目地 ······························· 20

面材耐力壁························· 81

メンテナンス工事 ················· 193

木材 ····························· 114

木質系プレハブ工法················· 74

目視等級区分 ····················· 115

木製サッシ························· 104

木造軸組工法 ················ 74,76

木造枠組壁工法 ··················· 88

モジュール························ 156

モニエル瓦························· 46

モルタル················ 19,31,100

や行

焼杉 ……………………………… 36
役物 ……………………………… 29
屋根 ……………………… 109,180
屋根カバー工法 ………………… 50
屋根勾配 ……………………… 112
屋根材 …………………………… 40
屋根伏図 ……………………… 162
山形プレート …………………… 84
ヤング係数 …………………… 115
有機溶剤 ……………………… 123
有孔板 …………………………… 66
釉薬瓦 …………………… 41,42
床組 ……………………………… 79
床束 ……………………………… 79
ユニット工法 …………………… 75
洋瓦 ……………………………… 41
窯業サイディング ……… 16,19,26
溶剤 ……………………………… 123
溶媒 ……………………………… 123
横滑り出し窓 ………………… 107
寄棟 ……………………………… 110

ら・わ行

ライフサイクル・カーボン・マイナス住宅
　………………………………… 213
リシン掻き落とし ……………… 31
リシン仕上げ …………………… 19
立面図 ………………………… 159
リフォーム瑕疵保険 ………… 219
リフォーム市場 ………………… 8
両開き窓 ……………………… 107
ルーバー窓 ……………… 106,107
ルーフィング ………… 46,54,112

劣化診断 ……………………… 153
レベル3の石綿含有建材 …… 224
連鎖販売取引 ………………… 229
労働安全衛生法 ……………… 223
陸屋根 …………………… 63,110
ロックウール ………………… 101
ロフト …………………… 52,110
和瓦 ……………………………… 41

アルファベット

ALC ……………………… 18,33,34
FRP ……………………………… 62
FRP防水 ……………………… 184
LCCM住宅 …………………… 213
Low-E複層ガラス …………… 104
LVL …………………………… 115
mモジュール ………………… 156
PQA …………………………… 135
PQA塗装工事基準 …………… 135
PQA部位建材別塗装工事基準 ……… 140
RC ……………………………… 35
Uカットシーリング充填工法 … 32
ZEH …………………………… 213

数字

1階床伏図 …………………… 162
1成分形 ………………………… 56
2×4工法 ………………… 74,88
2階床伏図 …………………… 162
2成分形 ………………………… 56
2面接着 ………………………… 56
3×10板 ………………………… 29
3面接着 ………………………… 56

索引

□参考文献

公共建築改修工事標準仕様書（建築工事編）平成 31 年版　一般財団法人建築保全センター

住宅瑕疵担保責任保険［現場検査］講習テキスト　国土交通省住宅局

石綿障害予防規則等の一部を改正する省令等の施行等について　厚生労働省労働基準局長

目で見るアスベスト建材　国土交通省

石綿飛散漏洩防止対策徹底マニュアル［2.20 版］　厚生労働省

建築物の改修・解体時における石綿含有建築用仕上塗材からの石綿粉じん飛散防止処理技術指針
　　　国立研究開発法人建築研究所 日本建築仕上材工業会

訪問販売のルールが変わります　経済産業省

住宅相談統計年報 2022　公益財団法人住宅リフォーム・紛争処理支援センター

「住宅の調査と補修」－ 2022 年版住宅紛争処理技術関連資料集－
　　　公益財団法人住宅リフォーム・紛争処理支援センター

製品カタログ　株式会社アステックペイント

製品カタログ　日本ペイント株式会社

不具合はなぜ起こるのか　一般社団法人日本窯業外装材協会

スクリューウエイト貫入試験方法　日本規格協会

足場の設置が困難な屋根上作業での墜落防止対策のポイント　厚生労働省

ヘーベル パワーボード塗装仕上げの注意点　旭化成建材株式会社

ヘーベル パワーボードカタログ　旭化成建材株式会社

最新住宅業界の動向とカラクリがよ～くわかる本［第 4 版］　阿部守著、秀和システム

保険加入時の検査の概要　国土交通省

納まり図　ケイミュー株式会社

令和 4 年度住宅経済関連データ　国土交通省

統計資料　一般社団法人日本塗料工業会

屋根・外壁リフォームの留意点　一般社団法人住宅リフォーム推進協議会

屋根下葺材施工要領　一般社団法人日本防水材料協会

保険加入時の検査の概要　国土交通省

営繕工事写真撮影要領　国土交通省

長期優良住宅認定制度の技術基準の概要について　一般社団法人住宅性能評価・表示協会

■著者紹介

吉田 憲司（よしだ けんじ）

一般財団法人塗装品質機構代表理事、2級建築施工管理技士、宅地建物取引士、フランチャイズ経営士、上級システムアドミニストレータ
一般社団法人住宅保全推進協会にて外装劣化診断士試験を創設。

【担当】第1章、第5章、第7章、第8章、第9章

古畑 秀幸（ふるはた ひでゆき）

有限会社ニューライフ・アカデミー代表取締役、一般社団法人木造住宅塗装リフォーム協会代表理事、一般財団法人塗装品質機構理事、二級建築士・増改築相談員

【担当】第6章

阿部 守（あべ まもる）

MABコンサルティング代表、東京国際大学非常勤講師（中小企業論、生産管理論）、一般財団法人塗装品質機構理事、中小企業診断士、構造設計一級建築士
九州工業大学大学院開発土木工学専攻修了。旭硝子株式会社（現AGC）を経てコンサルタントとして独立。
著書：
『最新住宅業界の動向とカラクリがよ～くわかる本［第4版］』
『最新建設業界の動向とカラクリがよ～くわかる本［第4版］』
『最新土木業界の動向とカラクリがよ～くわかる本［第3版］』
『改革・改善のための戦略デザイン 建設業DX』
（以上、秀和システム）、その他

【担当】全体編集、第2章、第3章、第4章、第9章

■図版トレース

　　タナカ　ヒデノリ

図解入門　塗装の現場で役に立つ
住宅外装メンテナンスの基礎知識

| 発行日 | 2023年 4月20日 | 第1版第1刷 |
| | 2023年 6月30日 | 第1版第2刷 |

著　者　一般財団法人 塗装品質機構

発行者　斉藤　和邦
発行所　株式会社　秀和システム
　　　　〒135-0016
　　　　東京都江東区東陽2-4-2　新宮ビル2F
　　　　Tel 03-6264-3105（販売）Fax 03-6264-3094
印刷所　三松堂印刷株式会社　　　　Printed in Japan

ISBN978-4-7980-6922-7 C3052